Wolf (1468–1561)
verh. Anna von Frundsberg (1500–1554)

1. **Wolf Dietrich** (1524–1586) in Waldeck
verh. Veronica v. Pienzenau († 1586)

Söhne von Wolf Dietrich u. Veronica

↓

1. **Ludwig II.** (1567–1608)
verh. Barbara Scholastica v. Sandizell

2. **Georg** (1568–1635)
1. verh. Maria v. Degenberg
2. verh. Christina Sidonia v. Auerberg

↓

Sohn von Ludwig II. und Barbara Scholastica

Wilhelm IV. († 1655)
1. verh. Maria Christina v. Gumppenberg († 1631)
2. verh. Maria Juliana v. Cryvellin († 1651)

↓

Maria Susanna (1603/4–1671)
verh. Johann Baptist v. Gumppenberg (1609–1644)

Wilhelm IV. überlebte seine beiden Söhne, somit erlischt hier der Zweig von Wolf Dietrichs **Waldecker Linie.**

---

2. **Wolf Wilhelm** (1529–1595) in Maxlrain
verh. Johanna Perner zu Gutterrath († 1595)

Kinder von Wolf Wilhelm u. Johanna

↓

1. **Wolf Veit I.** († 1616)
verh. Johanna Erbtruchsessin Freifrau v. Waldburg

2. **Jakobaea** (* 1565)
1. verh. Jacob Closen zu Gern († 1612)
2. verh. Heinrich Hannibal v. Münchenthal
3. verh. Siegmund v. Pötting

↓

Söhne von Wolf Veit I.

1. **Georg Heinrich** (1605–1639)
verh. Maria Elisabeth v. Preysing († 1643)

2. **Wolf Veit II.** († 1659)
verh. Barbara Rufina v. Preysing

Sohn von Georg Heinrich u. Maria Elisabeth

Johann Veit († 1705)
1. verh. Cathrina Constantia v. Spiring
2. verh. Franziska v. Lamberg

Kinder von Wolf Veit II. u. Barbara

1. Georg Albert
2. Johann Heinrich Franz Dominikus (1652–1727)
3. Johanna († 1663)
4. **Johann Max** († 1701)
verh. Maria Anna Theresia v. Fugger-Kirchberg

Sohn von Johann Max und Maria Anna Theresia

Johann Joseph Max Veit (1677–1734)
verh. Maria Regina Helena v. Muggenthal

Tochter von Johann Joseph Max Veit u. Maria Regina Helena

1. **Maria Theresia Franziska**
verh. Freiherr v. Satzenhofen

Johann Joseph Max Veit hatte nur Töchter, womit die **Maxlrainer** *im Mannesstamme ausstarben. Maxlrain und die Wallenburg übernimmt seine Tochter Maria Theresia Franziska.*

ULRICH SCHNEIDER

DIE MAXLRAINER

EINE FAMILIENGESCHICHTE
IN BILDNISSEN VOM 9. BIS INS 18. JAHRHUNDERT

Ulrich Schneider, Prof. Dr., war als Kunsthistoriker über dreißig Jahre leitender Mitarbeiter und Direktor mehrerer deutscher Museen. Lange Jahre lebte er in Italien und Japan. Für seine internationale Zusammenarbeit wurde er mit den Titeln eines Cavaliere Ufficiale dell'Ordine del Merito della Repubblica Italiana und eines Chevalier de l'Ordre des Arts et des Lettres de la République Française dekoriert. An der Johann Wolfgang Goethe-Universität Frankfurt am Main lehrt er Kunstgeschichte.
www.schneiderundtoechter.de

IMPRESSUM

Ulrich Schneider
DIE MAXLRAINER
Eine Familiengeschichte in Bildnissen vom
9. bis ins 18. Jahrhundert
München 2019

Herausgeber: Dr. Erich Prinz von Lobkowicz, Prof. Dr. Ulrich Schneider
Konzeption: Julia Garnies, Dr. Erich Prinz von Lobkowicz, Prof. Dr. Ulrich Schneider
Texte: Dr. Erich Prinz von Lobkowicz, Prof. Dr. Ulrich Schneider
Fotografie: Axel Schneider

Stammbaum im Vorspann: Herold von Palnkam. Palnkam
Herstellung: Verlag Lutz Garnies, Haar/München.
Gestaltung, Satz und Layout: Verlag Lutz Garnies, Haar/München.
Externes Lektorat: Stefan Schneider.
© 2019 Verlag Lutz Garnies, die Autoren und Fotografen.

ISBN: 978-3-926163-98-1

Kontakt Schlossbrauerei Maxlrain:
Tel. +49 (0)8061 9079-0, info@maxlrain.de, www.maxlrain.de

EINE FAMILIENGESCHICHTE
IN BILDNISSEN VOM
9. BIS INS 18. JAHRHUNDERT

DIE
MAXLRAINER

Michael Wening zeigt Schloss Maxlrain in seiner „Historico topographica descriptio Bavariae" von 1701 mit den emblematischen, zwiebelbedachten Ecktürmen.

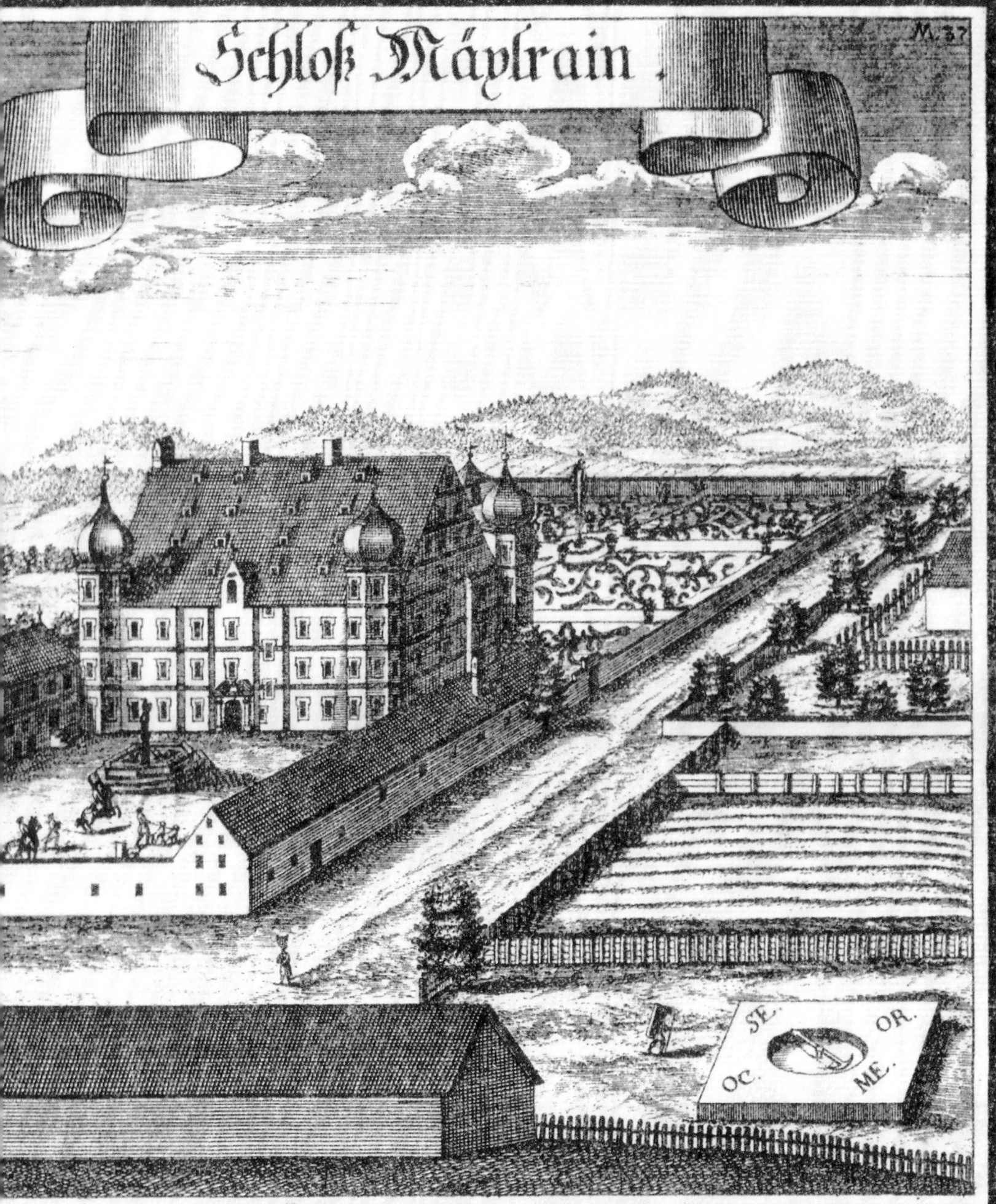

GEORG V. MACHSLRAIN
FREIHER ZV WALLDEK.
1626.

INHALT

Vorwort von Erich Prinz von Lobkowicz	10
Die Maxlrainer – Eine Familiengeschichte in Bildnissen	14
Podalunc und die Folgen	26
Zwischen Mittelalter und Neuzeit – Deutsche Geschichte 1378–1556	32
Ein erstes Artefakt – Die Grabplatte Wilhelms I. von Maxlrain und seiner beiden Ehefrauen	42
Die Erben Wilhelms I. von Maxlrain	46
Die Herrschaft Waldeck	50
Der Macher – Wolf von Maxlrain (1468–1561)	52
Wolf Dietrich von Maxlrain, Reichsfreiherr von Waldeck (1524–1586) – der Begründer des Wallenburger Zweiges und die Folgen der Reformation	66
Das Jahrhundert des Mars – Europa im Dreißigjährigen Krieg	72
Georg von Maxlrain, Reichsfreiherr von Waldeck (1568–1635)	84
Wilhelm IV. von Maxlrain, Reichsfreiherr von Waldeck († 1655) – der Letzte vom Stamme Wolf Dietrichs	94
Maria Susanna von Maxlrain, Reichsfreiin von Waldeck (1603/4–1671)	112
Wolf Wilhelm von Maxlrain, Reichsfreiherr von Waldeck (1529–1595) – der Begründer des Maxlrainer Zweiges	118
Das Epitaph von Wolf Veit I., Reichsfreiherr von Waldeck († 1616), und seiner Frau Johanna, geborene Erbtruchsessin, Freifrau von Waldburg († 1645)	126
Die schöne Maxlrainerin – Jakobaea von Closen zu Gern (* um 1565)	130
Das schwarze Schaf – Heinrich Georg von Maxlrain, Reichsfreiherr von Waldeck (1605–1639)	138
Wolf Veit II. von Maxlrain, Reichsgraf von Hohenwaldeck († 1659)	142
Johann Heinrich Franz Dominikus von Maxlrain, Reichsgraf von Hohenwaldeck (1652–1727)	148
Der letzte Maxlrainer – Johann Joseph Max Veit von Maxlrain, Reichsgraf von Hohenwaldeck (1677–1734)	158
Epilog	166
Katalog der Maxlrainer-Porträts und Grabmäler	168
Literaturverzeichnis	188

VORWORT

Im Halbdunkel der großen Stiegenhalle im zweiten Stock von Schloss Maxlrain hängen die meisten Porträts der Maxlrainer, die in diesem Werk erstmals in den Genuss einer wissenschaftlichen Behandlung kommen und zwar aus der kunstvollen Hand von Prof. Dr. Ulrich Schneider.

Dies allein jedoch, klassische Katalogarbeit für eine Ausstellung, fände vielleicht weniger Leser als in der nun gewählten Präsentationsart, in der die Porträtierten die Geschichte der Familie erzählen.

In den Schatten der oberen Halle haben die Porträts eine mächtige Präsenz, sie schauen streng und hoheitsvoll auf den Betrachter. Und weil einer Familie nichts Schlimmeres passieren kann, als auszusterben und damit ganz in Vergessenheit zu geraten, sprach schon immer aus den Gesichtern dieser Maxlrainer eine gewisse Beleidigung darüber, dass eine große Familie in ihrer Heimat in Oberbayern so gar nichts mehr zählt.

Diesem Missstand abhelfen zu können, erfüllt mich mit großer Freude, ebenso wie die Zusammenarbeit mit Prof. Ulrich Schneider und Julia Garnies, der verständigen Verlegerin, mit der wir auch schon „Maxlrain. Lebendige Tradition" herausgegeben haben.

Bei der Wiederentdeckung dieser für die Geschichte Oberbayerns unverzichtbaren Familie wünsche ich viel Freude!

Dr. Erich Prinz von Lobkowicz

„… *und so wurde ich auf die Reise geschickt, kam in das schöne Oberbayern und das herrliche Schloss Maxlrain, wo ich heute von meinem Ehrenplatz im Treppensaal einen wunderbaren Blick auf das Kaisergebirge habe.*

Maria Susanna von Maxlrain, Reichsfreiin von Waldeck

DIE MAXLRAINER
Eine Familiengeschichte in Bildnissen

o die Hänge des Irschenbergs übergehen in die Moos- und Moränenlandschaft, die über Erding hinaus bis zum Freisinger Domberg reicht, erhebt sich in einem englisch anmutenden Park Schloss Maxlrain. Wohl kein Vorüberkommender, etwa auf dem Weg vom nahen Kurort Bad Aibling in den Wallfahrtsort Tuntenhausen, kann sich dem Zauber und der menschlichen Dimension des Ensembles entziehen. Zwar eignet dem zentralen Bau der Spätrenaissance mit seinen vier runden Ecktürmen durchaus etwas Fortifikatorisches, was aber durch deren barocke Zwiebelbedachung gleichsam aufgehoben wird. Und der eigentlich strenge Kubus mit dem kathedralhohen Ziegeldach erfährt durch sorgsam rekonstruierte gemalte Ornamentierung ebenso eine Milde wie durch das sich davor erstreckende Rasenparkett mit den sorgfältigen Blumenbepflanzungen und der zentralen Fontäne. Entstanden ist Schloss Maxlrain in den 1580er-Jahren, nachdem der Vorgängerbau 1577 fast gänzlich einem Brand zum Opfer gefallen ist. Einzig die Schlosskapelle, rechts von der zentralen Torduchfahrt, blieb im Kern erhalten.

Bild vorherige Seite:
Schloss Maxlrain, wie es nach dem Brand in den 1580er-Jahren neu errichtet wurde. Schloss Maxlrain zeigt sich heute, nach fünfundsiebzig Friedensjahren, im vielleicht besten Zustand seit seiner Ersterrichtung im Jahre 820. Alle Maxlrainer Betriebe tragen diese Denkmalslast. Besonders die Schlossbrauerei.

„Dann, Meister, nicht nur die Füße, sondern auch das Haupt" und „Ich wasche meine Hände von dem Blut dieses Mannes", zwei wichtige Waschungsszenen der Heiligen Schrift, Petrus und Pilatus, auf der Rückwand der Schlosskapelle etwa aus dem Jahre 1490.

Das 19. Jahrhundert fügte links und rechts an dieses Hauptgebäude elegante Flügel an, eine lang gestreckte Remise des 18. Jahrhunderts im Osten findet Entsprechung in der Spalierhecke im Westen, die mit der ehemaligen Brauerei, dem heute sogenannten Uhrenhaus, abschließt.

Dies Maxlrain, eigentlich Mahsminreini oder Mahsminreun, was Wachstumsrain oder Fruchtrain bedeutet, ist das Stammland der oberbayerischen Adelsfamilie von Maxlrain. Erste schriftliche Quellen finden sich im Archiv des Freisinger Doms, als in den Jahren 814, 828 und 830 Urvater Podalunc gemeinsam mit seinem Sohn Reginhart seine Gebiete der Domkirche von Freising vermacht und Bischof für Bischof aufs Neue als Lehen bestätigt bekommt. Freilich schweigen die Quellen dann bis ins 12. Jahrhundert[1], in dem die Maxlrainer als Eigenleute der Herren von Beyharting gelten. 1130 erscheinen sie in der Gründungsurkunde des dortigen Klosters wieder. Über Maxlrain als ihren Stammsitz sprechen die Quellen aber erst mit einem gewissen Hans um 1430. Danach sind die Herren von Maxlrain recht lückenlos belegt, bis zum Verlöschen der männlichen Linie mit Johann Joseph Max Veit (circa 1677–1734). Die Geschichte dieser Familie, die ab dem 15. Jahrhundert eng mit den bayerischen Herzögen des Hauses Wittelsbach verbunden ist, wurde im 19. Jahrhundert von dem bayerischen Hofbeamten J. Joseph von Obernberg und dem Geistlichen Dr. Theodor von Wiedemann bearbeitet, die selbst auf die frühe bayerische Historiografie zurückgreifen konnten.[2] In jüngerer Zeit befassten sich die bayerischen Historiker Franz Andrelang und Gabriele Greindl mit der Geschichte der Maxlrainer.[3] Ausführliches Text- und Bildmaterial enthält auch der Band „Maxlrain. Lebendige Tradition".[4]

Eine Sonderstellung hatten die Maxlrainer seit 1516, als sie die reichsunmittelbare Herrschaft Waldeck, die von Miesbach bis Schliersee und bis an die Tiroler Grenze an der Valepp reicht, erwerben konnten. 1544 wurde die Familie durch kaiserliche Standeserhöhung zu Reichsfreiherren. Im Zuge einer kaiserlichen Belehnung wurde das Gebiet 1637 zur Reichsgrafschaft Hohenwaldeck erhöht und die Maxlrainer wurden in Erbfolge zu Reichsgrafen. Somit waren sie als Herren über dieses Gebiet unabhängig von den bayerischen Herzögen, was 1559 im sogenannten Salzburger Vertrag von den bayerischen Landesfürsten anerkannt wurde. Mit einigen Ausnahmen blieben sie den Wittelsbacher Herzögen und späteren Kurfürsten immer treu zu Diensten. Freilich kam es nach der Reformation bei einem der nunmehr zwei Familienzweige zu einer Krisensituation mit den Herrschern, denn der Zweig, der auf der Miesbacher Wallenburg residierte, blieb treu und fest bei der Augsburger Konfession,

Wie sein Sohn und sein Enkel allzu früh verstorben, war Ludwig Graf von Arco-Zinneberg eine der bedeutendsten Figuren des bayerischen Adels im 19. Jahrhundert. Eng mit den Größen der konservativen und katholischen Kräfte der bayerischen Politik verbunden, war er es auch, der den katholischen Männerverein von Tuntenhausen ins Leben rief. Verheiratet war er in zweiter Ehe mit Josephine Prinzessin von Lobkowicz, die durch ihr karitatives Wirken und ihre Musikalität rasch die Herzen der Oberbayern gewann.

was viel Unruhe ins Land brachte, aber durch herzoglichen Druck bald erledigt war. Mit dem erwähnten Verlöschen der männlichen Maxlrainer 1734 fiel das Gebiet Hohenwaldeck laut Salzburger Vertrag an den Kurfürsten.

Schloss Maxlrain selbst blieb erst bei Maria Theresia Franziska von Satzenhofen, geb. Reichsgräfin von Maxlrain, wurde aber 1742 an Gräfin Josepha von Lamberg auf Ammerang verkauft. Nach deren Tod blieb Maxlrain auf achtzig Jahre im Besitz der Familie ihres Bruders, des Reichsgrafen Max von Rheinstein-Tattenbach, und wurde 1822 an Max Graf von Arco vererbt, der es allerdings nach zehn Jahren an Karl Joseph August Graf von Leyden veräußerte. 1869 erwarb Max Graf von Arco-Zinneberg das Schloss für seinen Sohn Ludwig. Ludwig Graf von Arco-Zinneberg, der über ein bemerkenswertes Vermögen verfügte, sorgte für eine Kernsanierung des alten Schlosses, ließ die Schlossflügel errichten, zuerst den östlichen mit seiner jungen Frau, einer Gräfin Schaesberg, die nach der ersten Geburt im Kindbett verstarb, dann den Westflügel mit seiner zweiten Frau, Josephine Prinzessin von Lobkowicz aus Böhmen. Er ließ auch die alte Schlossbrauerei abreißen und an heutiger Stelle neu bauen. Auch der Gutshof westlich der Aiblinger Straße entstand in seiner Zeit, und er war es auch, der den herrlichen englischen Landschaftspark anlegen ließ, in den jetzt der Golfplatz integriert ist. 1936 wurde Schloss Maxlrain an Leo Graf von Hohenthal und Bergen verkauft. 1982 heirateten dessen Enkelin Christina Gräfin von Hohenthal und Bergen und Erich Prinz von Lobkowicz, der heute mit seiner Familie die Geschicke von Schloss Maxlrain steuert.

Seit 1982 leiten Dr. Erich Prinz von Lobkowicz und Christina Prinzessin von Lobkowicz, geborene Gräfin von Hohenthal und Bergen, die Geschicke der Maxlrainer Betriebe. Ein besonderes Anliegen ist ihnen immer die Pflege der historischen Bezüge gewesen.

DIE MAXLRAINER

Hans Mielich hat das zweibändige Werk der Bußpsalmen des Orlando di Lasso in den Jahren 1560 bis 1571 für Herzog Albrecht V. von Bayern auf das Großartigste mit Buchmalereien ausgestattet. Auch die Wappentafeln stammen von ihm. In der obersten Reihe steht an vierzehnter Stelle das Wappen der Herren von Maxlrain mit dem Herzschild der Reichsherrschaft Waldeck. Das Waldecker Wappen steht in der zweiten Reihe an Position elf. (München, Bayerische Staatsbibliothek, Handschriftensammlung)

Das Gebäude der Schlossbrauerei in Maxlrain ist ein schönes Beispiel für den repräsentativen Industriebau des letzten Drittels des 19. Jahrhunderts. Die oberen beiden Stockwerke waren früher Malz- und Hopfenböden und bieten einen prachtvollen Ausblick bis hin zum Wilden Kaiser. Durch die Giebelrundfenster flattern im Sommer die Wimpernfledermäuse ein und aus, die im Frühjahr hier ihren Nachwuchs bekommen. Es ist eine der wenigen bekannten Kinderstuben dieser sehr seltenen Fledermausart, die in den Höhlen am Wendelstein überwintert.

Von Erich Prinz von Lobkowicz ging auch die Initiative aus, ein Buch über die Familie der Maxlrainer zu schreiben. Er, der einer über Jahrhunderte in Deutschland und Böhmen, ja in Europa wirkmächtigen Familie entstammt, hätte nach einem Studium der Philosophie, Sinologie und Geschichte und mit der philosophischen Promotion eine Karriere als Wissenschaftler einschlagen können. Hatte doch schon sein Vater, Nikolaus Prinz von Lobkowicz, Philosophie an der katholischen University of Notre Dame in Indiana und an der Münchener Ludwig-Maximilians-Universität gelehrt. Lange Jahre gestaltete er als deren Präsident und später als Präsident der Katholischen Universität Eichstätt-Ingolstadt deutsche Wissenschaftspolitik. Erich Prinz von Lobkowicz entwickelte stattdessen die Maxlrainer Betriebe mit der vielfach ausgezeichneten Schlossbrauerei und deren großen Gastronomie, dem weitläufigen Forst und dem

Der Golfplatz passt nach Maxlrain, als wäre er schon seit Jahrhunderten dort. Der perfekt gepflegte 18-Loch-Meisterschaftsplatz gehört zu den Leading Golf Courses of Germany, dem Zusammenschluss der vierunddreißig besten Golfplätze Deutschlands.

preisgekrönten Golfplatz. Ehrenamtlich engagiert er sich seit 1990 bei den Maltesern, deren Ordenspräsident in Deutschland er seit 2006 ist. Die Pflege der Geschichte von Schloss Maxlrain liegt ihm zumal als Historiker jedoch ebenso am Herzen.

Hatten schon die Grafen Arco-Zinneberg und dann Leo Graf von Hohenthal und Bergen sich bemüht, einen Teil der verstreuten Ahnengalerie wieder auf Schloss Maxlrain zusammenzuführen, so gelingt es auch ihm immer wieder, „Missing Links" aufzuspüren und zu erwerben. So können heute von vierundzwanzig Mitgliedern dieser Familie Porträts nachgewiesen werden, in einigen Fällen sogar mehrere pro Persönlichkeit. Die Qualität der Gemälde ist dabei von unterschiedlicher Qualität, einige sind Münchener Hofkünstlern zuzuschreiben, andere kleineren Münchener Malern. Immer aber sind sie wichtige historische Zeugnisse und berichten vor allem von Moden in Kleidung und Schmuck. So kam denn der Gedanke auf, diese stummen Zeugen der Familiengeschichte wieder zum Sprechen zu bringen und auch in diesem Buch einer Tradition zum Leben zu verhelfen. So wird auch die Moderation dieser Gespräche einer jungen Dame aus dem Kreis der Maxlrainer, Maria Susanna von Maxlrain, Reichsfreiin von Waldeck (1604–1671), anvertraut, deren Porträt von 1621 die neueste Erwerbung auf dem Schlosse verkörpert:

---

[1] Andrelang, Franz: Landgericht Aibling und Reichsgrafschaft Hohenwaldeck (Historischer Atlas von Bayern, Altbayern I, Heft 17), München 1967, S. 204: „Im 12. Jh. erscheinen die Maxlrainer als Eigenleute der Herren von Beyharting" (Anm. 2: Über die „Edlen" von Beyharting s. o. S. 140).

[2] Obernberg, J. Joseph von: Denkwürdigkeiten der Burgen Miesbach und Waldenberg, so wie des alten Pfarrdorfes Pastberg im Isarkreise des Königreichs Bayern. München 1831. – Wiedemann, Theodor: Die Maxlrainer. Eine historisch-genealogische Abhandlung. In: Oberbayerisches Archiv für vaterländische Geschichte, herausgegeben von dem historischen Vereine von und für Oberbayern. Bd. 16, 1856–1857, S. 1–111 u. S. 227–282. – Hund, Wiguleus: Bayerisch Stammenbuch. Der ander Theil: Von den Fürsten, Graven, Herren und andern alten Geschlechtern, so die Thurnier besuchen … Ingolstadt 1586. – Meichelbeck, Karl: Historiae Frisingensis. Augsburg 1724.

[3] Andrelang, Franz: Landgericht Aibling und Reichsgrafschaft Hohenwaldeck (Historischer Atlas von Bayern, Altbayern I, Heft 17). München 1967. – Greindl, Gabriele: Religionsauseinandersetzungen im Gebiet Waldeck. Edition der „Guetthertzigen Erinnerung" des Herzoglichen Rates Erasmus Fend 1584. In: Zeitschrift für bayerische Landesgeschichte, 59 (1966), S. 36–95.

[4] Lobkowicz, Erich Prinz von (Hrsg.): Maxlrain. Lebendige Tradition. München 2007.

Verehrte Leserin, geneigter Leser,

sehr gerne würde ich mich ja bei Ihnen vorstellen, aber so einfach ist das nicht. Zwar kann ein jeder sehen, dass ich ziemlich hübsch bin, aus vermögender Familie stamme und mit meinen angegebenen sechzehn Jahren in einem Alter bin, in dem eine junge Dame meines Standes langsam die Hochzeit mit einem geeigneten Herren feiern sollte. Aber im Jahr 1621, als mein Porträt gemalt wurde, tobte seit drei Jahren ein schrecklicher Krieg in Europa, der in der folgenden Zeit in vielen Teilen des deutschen Reiches keinen Stein auf dem anderen stehen ließ. Und in den seither vergangenen vierhundert Jahren habe ich so gut wie alles vergessen und wurde vergessen. So stand ich lange auf einem Dachboden in der Bischofsstadt Mainz, ehe mich ein junger Mann, ich würde ihn einen Kunstagenten nennen, fand und mich nach Wiesbaden in das bücherreiche Studiolo eines recht belesenen Herren brachte, der viel mit Kunst zu tun hat.

Offenbar fand dieser Herr Gefallen an mir, denn er wollte unbedingt wissen, wer ich sei und mir meinen Namen zurückgeben. Und so setzte er sich an eine Apparatur, die er seinen „Rechner" nennt und die er manchmal mit durchaus derben Worten zu beschimpfen geruht. Damit blätterte er sich lange durch viele Wappenbücher, wie sie Anfang des 17. Jahrhunderts gedruckt wurden, um das Familienwappen neben meinem Haupt zu erklären. Dabei schimpfte er wieder ziemlich, Geduld scheint nicht so recht seine Sache zu sein. Doch plötzlich pfiff er durch die Zähne und schrie ganz laut „Bingo!", was immer das bedeuten möge. Immerhin, er hatte mein Familienwappen gefunden, das der Herren von Maxlrain, Reichsfreiherren von Waldeck, das auf der bayerischen Adelstafel weit oben steht. Und nun ging alles sehr schnell: Er fand rasch heraus, dass meine Familie aus dem Ort Maxlrain bei Bad Aibling stammt und weit ins Mittelalter zurückreicht. Und dass Schloss Maxlrain schöner denn je erhalten ist, mit der Brauerei, die schon zu meiner

Maria Susanna von Maxlrain, die 1621 gerade sechzehn Jahre alt wurde, ist im eigentlichen Sinne die Verantwortliche dieses Buchs. (Kat. Nr. 7)

AE:SVAE:XVI
ANNO.MDCXXI.

Zeit bestand, und einem großen Park, wo Damen und Herren mit langstieligen Hämmern auf kleine weiße Bälle schlagen, denen sie dann hinterherlaufen.

Der Herr im Studiolo errechnete, dass ich die Tochter Maria Susanna von Wilhelm IV. von Maxlrain, Freiherr von Waldeck, sein muss, der 1603 Maria Christina von Gumppenberg geheiratet hatte und ein hoher Beamter am Hofe von Herzog Maximilian I. in München war. Auch ermittelte er, dass Schloss Maxlrain heute Erich Prinz von Lobkowicz gehört, einer Familie, die fast so alt ist wie die meine. Mit diesem Prinzen tauschte der Herr aus Wiesbaden Abbilder meines Porträts aus und siehe, Prinz Erich wollte unbedingt, dass ich wieder auf das Schloss zurückkehrte, wo meine Familie herstammt.

Und so wurde ich auf die Reise geschickt, kam in das schöne Oberbayern und das herrliche Schloss Maxlrain, wo ich heute von meinem Ehrenplatz im Treppensaal einen wunderbaren Blick auf das Kaisergebirge habe. Aber das Schönste ist, dass ich ganz nahe beim Bilde meines Vaters und meiner Ahnen einen Platz gefunden habe, nach vielen hundert Jahren.

Dieser Zufall, der fast schon an ein Wunder grenzt, ließ Prinz Erich und den Herren aus Wiesbaden nicht ruhen, und so beschlossen sie, dass die Geschichte der Familie Maxlrain erzählt werden sollte, am besten von all den Damen und Herren meiner Familie, deren Porträts sich in Maxlrain und auch an anderen Orten erhalten haben. Gerne stelle ich Ihnen die Herrschaften vor und bitte sie, Ihnen ihre Geschichten zu unserer verzweigten Familie zu berichten. Hierzu wünscht Ihnen viel Vergnügen

*Ihre Maria Susanna von Maxlrain,
Reichsfreiin von Waldeck*

Nach Süden eröffnet sich vor Schloss Maxlrain ein herrlicher Blick auf die bayerischen Alpen.

PODALUNC und die Folgen

Darf ich Ihnen gleich Podalunc, unseren Urvater aus der Zeit Karls des Großen, vorstellen? Natürlich hat sich kein echtes Bildnis von ihm erhalten, aber mein Großonkel, Georg von Maxlrain, Reichsfreiherr von Waldeck (1568–1635) und seit 1603 für meinen Großvater Ludwig II. († 1608) regierender Herr auf der Wallenburg, hat ihn 1621 gleich auf zwei gemalten Stammbäumen (Kat. Nr. 1a, 1b) darstellen lassen, so wie man sich einen Familiengründer eben vorstellt. Ein langes Gedicht auf den Seitenflügeln des größeren Stammbaums benennt ihn als Auftraggeber. Anlass für die Besinnung auf die Ahnen war bestimmt das Bayerische Stammenbuch des trefflichen Wiguleus Hund (1514 Kaltenberg (Geltendorf) – 1588 München), des berühmten bayerischen Rechtsgelehrten, Geschichtsschreibers und Hofratspräsidenten Herzog Albrechts V., das 1586 erschienen war und zum ersten Male die Taten Podaluncs und seiner Nachfolger festhält. Aber hören wir Podalunc selbst:

Ritter Podalunc von Maxlrain

Da lieg ich nun in tiefem Schlaf, wohl gerüstet auf meinen Helm gestützt, die Panzerhandschuhe nebenbei, wie einst der Jesse, Vater des Propheten David, und, wie ihm, wächst aus mir die Wurzel, nein, der Stammbaum meines Geschlechtes. Im Hintergrunde stehen in schöner Landschaft links unser Stammsitz, Schloss Maxlrain mit seinen unverkennbaren Zwiebeltürmen, und rechts unser kostbarster Zugewinn, die Wallenburg in unserem reichsfreien Lehen Waldeck, das uns Unabhängigkeit schenken sollte für gut zweihundert Jahre. Ich habe das alte Schloss Maxlrain – eigentlich Mahsminreini oder Mahsminreun, von Wahsmo oder Wahsmin, was Wachstumsrain oder öder Fruchtrain bedeutet – erbaut und 814, zusammen mit meinem Sohn Reginhart, der Domkirche zu Freising geschenkt, was dort auch verbrieft und besiegelt ist. 820 erbaute ich dann hier eine Kapelle, was möglich war, weil ich viel Grund besaß. Der Freisinger Bischof Hitto hat sie geweiht und mit Reliquien beschenkt. Mein zweiter Sohn Reginolf und ich schenkten dem Dom zu Freising auch unseren Zugewinn und erhielten ihn ebenso als Lehen zurück. Reginhart wurde auch Priester und schenkte 828 all sein Gut der Domkirche in Freising. Ich selbst schenkte 830 all mein Eigentum derselben Kirche. So steht es in Freising geschrieben und aufbewahrt.[1] Reginolf soll einen Sohn namens Pilgerim und der einen Sohn namens Conrad gehabt haben, der 979 gestorben ist, aber so genau weiß man es nicht.

Die Mitteltafel des Stammbaums der frühen Maxlrainer zeigt den Stammvater Podalunc in der Tradition der Wurzel Jesse (Kat. Nr. 1a). Georg von Maxlrain hatte 1621 das Stammbaum-Triptychon wohl von einem Münchener Künstler malen lassen und vermutlich selbst den Text auf den Flügeln verfasst (Kat. Nr. 1a). Sehr naturalistisch sind auf der Mitteltafel die beiden Herrschaftssitze dargestellt, links Schloss Maxlrain und rechts die Wallenburg bei Miesbach (Kat. Nr. 1a). Auffällig bei Schloss Maxlrain ist die Zwiebelbedachung der Ecktürme. Diese damals ganz neuartige Dachform wurde 1576 von Hans Holl (1512–1594) am Turm des Klosters von Sankt Maria Stern in Augsburg verwandt und hat ihren Ursprung in Venedig. Die Maxlrainer, die immer enge Beziehungen mit Augsburg unterhielten, machten mit diesem modernen Detail ihr Schloss zu einem der fortschrittlichsten Profangebäude in Bayern.

PODALUNC UND DIE FOLGEN

Albrecht Altdorfer zeigt im Stammbaum, den er 1515/16 für Kaiser Maximilian gemalt hat, den Urvater der Habsburger, Guntram den Reichen, in der Pose des Jesse und im Hintergrund den Stammsitz der Habsburger, die Habensburg in der Schweiz. (Wien, Österreichisches Haus-, Hof- und Staatsarchiv)

Es ist nicht verwunderlich, dass Georg von Maxlrain bei der Ausfertigung der gemalten Genealogie den Urvater des Maxlrainer Geschlechtes (Kat. Nr. 1a) 1621 in der Art des Jesse darstellen ließ. Zeigt doch auch die von Albrecht Altdorfer so frisch illustrierte Historia Friderici et Maximiliani von 1508–10 den Urvater der Habsburger als alten Graubart, aus dessen Brust der Stammbaum erwächst und sich sogleich in den steirischen und den Tiroler Zweig der Familie teilt. Im linken Zweig oben mittig Friedrich III. mit Bügelkrone und zuerst Maximilian. Ganz wie auf dem über hundert Jahre später entstandenen Maxlrainer Stammbaum, im Hintergrund die Stammburg der Habsburger, die Habensburg in der Schweiz.[2] Kaiser Maximilian war sein Leben lang zu genealogischen Forschungen und Forschern hingezogen, wollte er doch wie alle Könige seine Ursprünge in Troja oder gar bei Urvater Noah sehen.[3] So gibt sich auch der Stammbaum im Zentrum der weithin bekannten Ehrenpforte[4], wo der Baum in sagenhaft himmlisch bewölkter Umgebung der weiblichen Allegorien von Troia, Sycambria und Francia erwächst.

Das zweite Gemälde zeigt Podalunc, den Stammvater der Maxlrainer, unter einem Rundbogen auf gehöhtem Thron in einem Feldherrenzelt. Er trägt den schwarzen Kürassierharnisch des Dreißigjährigen Krieges, ist gegürtet und trägt einen schwarzen Hut mit weiß-rotem Federschmuck. Gleichsam zur Investitur vorbereitet, liegen eiserne Handschuhe und der rot-weiß geschmückte Visierhelm auf einem Tisch mit roter Decke. Im linken Arm hält Podalunc den mächtigen Stammbaum, der wiederum seine und seiner nächsten Erben Namenstafeln und die Maxlrainer Wappenschilder mit der schwarz-weißen Welle trägt. Über eine Balustrade hinweg zieht der Blick zum viertürmigen Schloss Maxlrain. Das Gemälde, das auch zu Zeiten Georgs entstanden ist, dürfte für diesen Besitz bestimmt gewesen sein.

Im 11. Jahrhundert gelten die Maxlrainer offenbar als Eigenleute der Herren von Beyharting.[5] Um 1080 taucht wieder ein Maxlrainer in den Urkunden auf, ein Augo, als er die Salmout von Jakobsberg ehelicht, die sich dann nach seinem Tode 1091 ins Kloster von Sankt Quirin in Tegernsee begeben habe. Ihr Sohn Conrad wiederum hatte Conrad, Sigboth und Heinrich zu Söhnen, als er im Jahre 1130 starb. Sigboth und Heinrich erscheinen 1130 in der Gründungsurkunde von Kloster Beyharting, ganz nahe bei Maxlrain, eine der wichtigen Grablegen der Maxlrainer. Sigboth (Siboto) wiederum hatte mit seiner auf dem zweiten Podalunc-Stammbaum verzeichneten Gattin Elisabeth von Prandberg einen Sohn Leonhard, der 1197 an einem Turnier in Nürnberg teilnimmt.[6] Danach verlöschen die Quellen wieder.[7] 1311 tauchen ein Conrad und sein Sohn gleichen Namens noch bei einer Schenkung für die Schlierseer Kirche auf. Dieser Conrad fungiert im Folgenden immer wieder als Richter in Aibling. Auch hat er mehrfach rechtlichen Kontakt mit den Herren von Waldeck. Kurz nach 1341 muss er verstorben sein. Wiedemann, der bis heute gültige Chronist der Maxlrainer im 19. Jahrhundert, führt noch die Akten der folgenden Generationen getreulich auf, bis wir Ende des 14. Jahrhunderts auf Wilhelm stoßen, den ersten Herren zu Maxlrain, den wir über ein Artefakt, seinen prächtigen Grabstein im Kloster Beyharting, nachweisen können.[8] Über Maxlrain als ihren Stammsitz sprechen die Quellen erst mit einem gewissen Hans um 1430.[9]

Der zweite Stammbaum, der gleichzeitig entstanden sein dürfte, war vermutlich für Schloss Maxlrain bestimmt, weil er nur diesen Sitz darstellt. Auf dem Tisch vor dem Schloss stehen die Harnischteile Helm und Handschuhe bereit, die für die Investitur von der Privatperson zum Heeresteil notwendig sind. (Kat. Nr. 1b) – Interessant bei dieser Darstellung von Schloss Maxlrain ist die detaillierte Beschreibung der Funktion des Dachstuhls als Getreidespeicher. Sehr deutlich ist eine zentrale große Gaube eingezeichnet, die weit vorspringt und exakt über der Einfahrt liegt. In diese Krangaube wurde ein Balken eingelegt, an dem der Flaschenzug befestigt war. So war es möglich, die Wagen senkrecht vor dem Haus zu entladen, während die Pferde oder Ochsen in der Durchfahrt standen. Die deutlich zu sehenden achtzehn kleinen Gauben dienten der notwendigen Durchlüftung des Dachstuhls.

---

[1] Hund, Wiguleus: Bayrisch Stammenbuch. Der ander Theil: Von den Fürsten, Graven, Herren und andern alten Geschlechtern, so die Thurnier besuchen … Ingolstadt 1586, S. 158. – Meichelbeck, Karl: Historiae Frisingensis. Augsburg 1724. S. 158, Nr. CCXVI, S. 212–213, Nr. CDI, S. 222, Nr. CDXVIII, S. 274, Nr. DXXI. – Andrelang, Franz: Landgericht Aibling und Reichsgrafschaft Hohenwaldeck. (Historischer Atlas von Bayern, Altbayern I, Heft 17 = Diss. LMU München 1966). München 1967, S. 204.

[2] Silver, Larry: Marketing Maximilian. The Visual Ideology of a Holy Roman Emperor. Princeton 2008, S. 41–42, Abb. 13: Albrecht Altdorfer (attr.), Habsburg Family Tree, from Historia Friderici et Maximiliani, ca. 1508–10, Wien, Haus-, Hof- und Staatsarchiv, Hs. Blau 9, fol. 6r.

[3] Schauerte, Thomas: Die Ehrenpforte für Kaiser Maximilian I. Dürer und Altdorfer im Dienst des Herrschers. Berlin 2001, S. 117–127.

[4] Ebenda, Abb. 1, A3.

[5] Andrelang, wie Anm. 1, S. 204.

[6] Hund, Wiguleus: Bayrisch Stammenbuch. Der ander Theil: Von den Fürsten, Graven, Herren und andern alten Geschlechtern, so die Thurnier besuchen … Ingolstadt 1586, S. 154. – Andrelang, wie Anm. 1, S. 205.

[7] Andrelang, wie Anm. 1, S. 205.

[8] Wiedemann, Theodor: Die Maxlrainer. 1. Urgeschichte. In: Oberbayerisches Archiv für vaterländische Geschichte, Bd. 16, 1856–1857, S. 3–16.

[9] Andrelang, wie Anm. 1, S. 205 und Anm. 9.

ZWISCHEN MITTELALTER UND NEUZEIT
Deutsche Geschichte 1378–1556

In den nur hundertachtundsiebzig Jahren zwischen dem Tode Kaiser Karls IV. und der Abdankung Karls V. veränderten fünf Ereignisse die europäische Welt. Hatte schon 1347/48 die Pest, von Asien nach Italien übergreifend, ganze Landstriche verwüstet, so führten im 15. Jahrhundert immer neue Wellen dieser Seuche zu einem Bevölkerungstiefstand. Im Jahre 1453 fiel, nach rapidem innerem Niedergang, die Stadt Konstantinopel an die Türken; der selbstbewusste Vormarsch des Islam bis in die gefährliche Nähe von Wien war die eine, das massenhafte Exil griechischer Gelehrter, mit all deren ununterbrochener Kenntnis der Antike, nach Italien die andere Folge. Fast gleichzeitig, um die Jahrhundertmitte, gelang Johannes Gutenberg erstmalig im Abendland der Buchdruck mit beweglichen Lettern, eine Erfindung, die in hundert Jahren eine explosionsartige Verbreitung des Schrifttums evozierte. 1492 landete, in spanischem Auftrage auf dem Weg nach Indien, der Genuese Christoph Kolumbus an einem neuen Kontinent, Amerika, der rasch erobert wurde. Dies führte zu einer tief greifenden Umwälzung des Welthandels. 1517 schließlich leitete Martin Luther mit der Publikation von fünfundneunzig Thesen eine Teilung der westlichen Christenheit in zwei Lager ein, die bis heute anhält.

Obwohl die Skizzierung der deutschen Geschichte für diesen Zeitraum kompliziert und verwirrend scheint, soll nicht gänzlich darauf verzichtet werden. Allein die Beschreibung des fraglichen Gebietes „Deutschland" ist schwierig: Das „Römisch-Deutsche Reich" oder das „Heilige Römische Reich Deutscher Nation", so der zeitgenössische offizielle Titel, erweist sich im 14., 15. und 16. Jahrhundert als Bild territorialer Zersplitterung. Zwar gab es eine ideale Reichsgrenze, die westlich vom Herzogtum Brabant zur Grafschaft Provence reichte und östlich an die Königreiche Polen und Ungarn stieß (hist. Landkarte). Im Inneren waren jedoch, buntscheckig wie ein Bettlerrock, weltliche Gebiete neben geistlichen Herrschaften, große und kleine Fürsten neben Grafen und Freiherren angesiedelt und auch Reichsstädte mit eigener Verwaltung und Städtebünde wiesen größere Territorien auf. Zur mehr als komplizierten Innenpolitik voll Eigensucht der Einzelherrscher kam eine Außenpolitik, die zwischen Ost (Ungarn und Polen), West (Frankreich und England) und einem verheerend gespaltenen Papsttum in Rom und Avignon zu lavieren hatte.

Der König regiere dieses schwierige Reich, sieben Kurfürsten, die ihn wählten, hatten die Macht. In der sogenannten Goldenen Bulle, einer Art Reichsgrundgesetz von 1356, stand festgeschrieben, dass die Erzbischöfe von Mainz, Köln und Trier, der König von Böhmen, der Pfalzgraf bei Rhein, der Herzog von Sachsen und der Markgraf von Brandenburg ihren König in Frankfurt am Main zu küren und in Aachen zu krönen hatten und danach den ersten Reichstag in Nürnberg abhalten mussten. Auf die päpstliche Approbation des deutschen Königs wurde damals schon verzichtet. Die höchste Würde, die Krönung zum Kaiser, musste in Rom durch den Papst vollzogen werden, ein Zwang, der mit dem Ende des Mittelalters schrittweise abgebaut wurde.

Kaiser Karl IV. (1346–1378) aus dem Hause der Luxemburger hatte durch die Verbindung von Schlesien, Böhmen, Mähren und Brandenburg eine starke Großmacht in dieser wackeligen Welt geschaffen. Sein Tod und die von ihm bestimmte Erbteilung zerstörten diesen Machtfaktor.

Wenzel, König der Deutschen von 1378 bis 1400, verlor zwischen den benachbarten Großmächten und dem gespaltenen

Auf dem Votivbild des Erzbischofs Johann Očko von Wlaschim ist Karl IV. porträthaft dargestellt. Es diente als Altarbild der 1371 neu geweihten Kapelle der bischöflichen Burg Raudnitz in Raudnitz an der Elbe und muss vor 1378 gemalt worden sein, denn in diesem Jahr starb Karl IV. (Prag, Nationalgalerie). In der oberen Bildhälfte thront mittig Maria mit dem Kinde. Links kniet Kaiser Karl IV. unter dem Schutz des hl. Sigismund, rechts sein Sohn Wenzel unter dem Schutz des hl. Wenzel. Unten kniet mittig Erzbischof Johann, begleitet von den böhmischen Landespatronen hl. Prokop, hl. Adalbert, hl. Veit und hl. Ludmilla.

Die historische Landkarte zeigt die Ausdehnung des Heiligen Römischen Reichs Deutscher Nation von der Provence bis nach Ostpreußen, aber auch die Zerrissenheit der Herrschaften im Inneren.

ZWISCHEN MITTELALTER
UND NEUZEIT

Kaiser Sigismund wurde von Albrecht Dürer 1511/13 als Idealdarstellung gemalt. Die Tafel war ursprünglich eine der beiden Türen eines Schranks, in dem die Reichskleinodien am Tage vor der alljährlichen Heiltumsweisung in Nürnberg aufbewahrt wurden. (Nürnberg, Germanisches Nationalmuseum)

Papsttum die gesicherten Stellungen seines Vaters. Zwar war er seit 1383 auch noch Herzog von Luxemburg, doch verweigerten ihm der Rheinische und der Schwäbische Städtebund, Vereinigungen von Macht und Geld, die Anerkennung und gingen kriegerisch gegen ihn vor. Selbst in seinem Erbland Böhmen geht er der Macht verlustig. In blutigen luxemburgischen Familienwirren wird er 1394 von seinem Vetter gefangen gesetzt. Schließlich zeigen die vier rheinischen Kurfürsten ihre Macht und setzen ihn als König der Deutschen im Jahre 1400 ab. Die Zeit des luxemburgisch-böhmischen Hauses scheint beendet.

Ein Wittelsbacher, Ruprecht von der Pfalz, wurde an seiner statt eingesetzt. Doch musste der in Köln gekrönt werden, denn Aachen stand noch auf der Seite Wenzels. Von den westlichen und südlichen Teilen des Reiches anerkannt, versuchte Ruprecht den Zug nach Rom, um dort die Kaiserkrone zu erhalten und somit seine Stellung zu sichern. Die oberitalienischen Städte, seit Langem vom Reiche abtrünnig, hielten ihn jedoch ohne Mühe auf. Nach dieser Niederlage und verwickelt in die Wirren des gespaltenen Papsttums, schwächt Ruprecht die Einheit des Reiches bis zu seinem Tode 1410 immer mehr.

Nach langen, strittigen Wahlen gelangte 1433 erneut ein Luxemburger, Sigismund, Markgraf von Brandenburg, auf den deutschen Königsthron. Durch Heirat König von Ungarn, kann er sein Reich im Osten erheblich vergrößert aufweisen. Das schafft in Deutschland jedoch keinen Frieden. Immerhin wird auch durch seine Hilfe auf dem Konzil von Konstanz die Spaltung des Papsttums aufgehoben, Martin V. kann als einzig herrschender Pontifex Maximus nach Rom einziehen. Zugleich kommt es jedoch in Sigismunds Stammland Böhmen zur ersten großen reformatorischen Bewegung. Johannes Hus entfacht mit seinen sich am englischen Theologen John Wiclif orientierenden Lehren, die auf Armut der Kirche und Freiheit der Predigt abzielen, einen radikalen Steppenbrand. Die Zeit war reif, gegen den Klerus vorzugehen. Nach seiner heimtückischen Ermordung überziehen die Hussiten, seine Anhänger, Böhmen und die angrenzenden Gebiete Deutschlands mit Krieg. Dieser durchaus national zu nennende Kampf fügt den deutschen Heeren schweren Schaden zu und zwingt 1424 Sigismund dazu, mit den Reichsinsignien aus Prag nach Nürnberg zu flüchten, wo sie bis ins 18. Jahrhundert blieben. Erst 1433 wendet sich das Blatt, die Hussiten lenken ein und Sigismund kann nach zwei Herrschern, Wenzel und Ruprecht, denen das nicht vergönnt war, wieder vom Papst in Rom zum Kaiser gekrönt werden. Unter Missachtung der Königswahl setzt er vor seinem Tode seinen Schwiegersohn Albrecht II. von Österreich als Nachfolger durch. Für lange Zeit sollten die Habsburger regieren.

Das Bildnis Kaiser Maximilian I. malte Albrecht Dürer 1519. Der Kaiser hält hier einen Granatapfel in Händen, dessen viele Kerne für die Vielfalt des Reichs stehen. (Nürnberg, Germanisches Nationalmuseum)

Albrecht II. (1438–1439), mit der Luxemburgerin Elisabeth verheiratet, kann Österreich, Böhmen und Ungarn als Hausmacht vorweisen. Allerdings ist seine Regierung bereits von der türkischen Bedrohung an den östlichen Landesgrenzen überschattet. Während der Vorbereitung eines Kriegszuges gegen diese fremde Macht stirbt er überraschend nach kurzer Regierung.

Friedrich III. von Innerösterreich, eigentlich als Vormund von Albrechts minderjährigem Sohn eingesetzt, regiert seit 1440, gekrönt erst 1442, bis 1493, so lange, wie kein deutscher König vor ihm. Mit wechselvollem Geschick und großer Stetigkeit vermehrt er durch geschickte Heiratspolitik sein Reich. Ständig ist er mit Kriegen, zumal gegen die sich separierende Schweiz, beschäftigt. 1452 als letzter deutscher Kaiser in Rom gekrönt, sah er sich von allen Seiten bedrängt, von Kurfürsten, Fürsten, Grafen, Reichsrittern und vor allem von den immer mehr erstarkenden Reichsstädten. Fehden überziehen das Reich, man entführt seine Söhne. Er geht Ungarns und Böhmens verlustig, ja selbst aus Wien wird er 1485 vom ungarischen König vertrieben und kann erst später von seinem Sohn Maximilian zurückgeführt werden.

Noch zu Lebzeiten Friedrichs III. war Maximilian I. zum deutschen König erhoben worden. 1493 folgte er, der durch Heirat Herr über die burgundischen Besitzungen geworden war, seinem Vater nach. Den Titel „Erwählter Römischer Kaiser", den er nach vergeblichem Versuch, nach Rom zu gelangen, in Trient erhält, werden nach ihm alle Habsburger tragen. Mit Reformbeschlüssen, 1495, und dem Reichstag von Worms, 1512, strebt er einen eigenen Landfrieden an. Wichtiger als seine vielen kriegerischen Unternehmungen erscheint seine geschickte Familienpolitik; durch Eheschließungen seiner Söhne und Enkel gewinnt sein Reich zu den habsburgischen Besitzungen Böhmen und Ungarn noch die Niederlande, das vereinte Spanien mit den überseeischen Besitzungen, Burgund, Sizilien und Neapel. Er, der zwischen Mittelalter und Neuzeit herrschend der „letzte Ritter" genannt wird, bereitet für seinen nachfolgenden Enkel ein Reich von solcher Ausdehnung vor, wie seit Karl dem Großen nicht mehr.

Als sein Enkel, Karl V., 1519 zum König gewählt und zum letzten Mal von einem Papst, allerdings in Bologna, zum Kaiser gekrönt wird, kann er auf ein Reich blicken, „in dem die Sonne nie untergeht". Heiß umstritten zwischen Karl V. und Franz I., König von Frankreich, sind die oberitalienischen Städte, und erst nach vier Feldzügen wird 1544 ein für Karl V. günstiger Friede geschlossen. Im östlichen Teil des Reiches dringen die Türken, die Ungarn unterworfen haben, 1529 bis vor Wien.

ZWISCHEN MITTELALTER UND NEUZEIT

Die kulturhistorisch wichtigste Veränderung dieses Zeitraumes von 1378 bis 1556 bilden die Universitätsgründungen.

Gänzlich verworren ist die Lage in den deutschen Gebieten, die Karl V. stets als Nebenland seines Weltreiches betrachtete. Auf den Ritterkrieg 1522–1523 folgte ein verheerender Bauernaufstand 1524–1525; beide Erhebungen stehen zumindest unter dem Vorzeichen der Reformation Martin Luthers und seiner Mitstreiter, die auch immer mehr Landesherren gewinnt. Schließlich wird das Reich zwischen Anhängern der katholischen, also kaiserlichen Partei und der protestantischen gespalten; Heilige Liga steht gegen Schmalkaldischen Bund. Die Religionskriege können erst mit dem Augsburger Religionsfrieden von 1555, der die Wahl der Konfession den Landesherren überlässt, beigelegt werden. Trotz dieser relativ günstigen Situation dankt Karl V. im Jahr darauf ab, zermürbt von innen- wie außenpolitischen Schwierigkeiten, und zieht sich als Privatmann nach Spanien zurück. Die Kaiserwürde übernimmt Ferdinand I., sein jüngerer Bruder, der schon seit 1521 die deutschen Erblande verwaltet hatte.

Der kurze Überblick zeigt Deutschland zwischen Königsmachern und Hausmachtpolitik in einer gewalttätigen und instabilen Epoche. Einzig die Schweiz kann Gewinn verbuchen, nachdem sie sich in zähem und blutigem Ringen, gestützt auf eine starke Bürgerschaft, von der habsburgischen Macht lossagt. Die Eidgenossenschaft geht, wie noch oft in den nachfolgenden Jahrhunderten, als stiller Sieger aus dem Weltgeschehen hervor.

Die kulturhistorisch wichtigste Veränderung dieses Zeitraumes von 1378 bis 1556 bilden die Universitätsgründungen. Eine immer schriftkundigere Bevölkerung löst die Vorherrschaft der geistlichen Intellektualität ab, neben das Theologiestudium treten weltliche Studia generalia nun auch in den deutschsprachigen Ländern. In Frankreich und Italien hatten solche Einrichtungen bereits eine längere Tradition. Zu Anfang stand Karls IV. Gründung der Universität Prag, 1348. Bis 1506 wurden immerhin siebzehn weitere weltliche Hochschulen gegründet, auf königliches und landesherrliches Betreiben, aber im Falle etwa von Köln, Basel und Rostock auch auf städtische Initiative. Überraschend hohe Zahlen von Studenten können verzeichnet werden. Daneben etablieren sich in den Städten Pfarr- und Lateinschulen, die in bescheidenerem Maße auf Priesterberuf und Universitätsstudium vorbereiteten. Schreibmeister, sogenannte Modisten, unterrichteten Kalligrafie, Orthografie und auch Mathematik. Die ausländischen Universitäten verloren deswegen nicht an Anziehungskraft, zumal die der oberitalienischen Städte Padua und Bologna. Können die deutschen Universitäten als Tribünen humanistischen Gedankengutes gesehen werden, so wurde dieses eben von Italien vermittelt.

Renaissance und Humanismus, historische Begriffe des späten 17. und frühen 19. Jahrhunderts, stehen heute für eine Bewegung, die sich eben absetzen wollte von jenem Zwischenalter nach der Antike. Schon im 14. Jahrhundert von Italien an die nördlichen Länder weitergegeben, über Karl IV. auch an den Prager Hof, setzt sich diese Geisteshaltung um 1500 in der breiteren Oberschicht Deutschlands durch. Kenntnis des römischen Rechtes, der antiken Sprachen Latein und Griechisch und deren aktiver Gebrauch, der antiken Literatur und Mythologie, Bemühung um die Naturwissenschaften, ja um eine Neuakzeptanz der Natur, sind Bestrebungen, die vor allem auch die bildende Kunst befruchteten. Träger war, neben der höfischen Elite, die Stadtgesellschaft.

Die Reformation des christlichen Glaubens, wie sie Martin Luther und andere, höchst unterschiedliche Mitstreiter propagierten, steht mit dem kritischen Bewusstsein dieser Zeit in Zusammenhang. Die Kirche wurde von Rom aus von ebenso hochgebildeten wie skrupellosen Päpsten geleitet, die in diesen Jahren in erster Linie an der Finanzierung des riesigen Neubaus von Sankt Peter interessiert waren, der alle nachantiken Bauten bei Weitem übertraf. Sie sahen sich plötzlich Menschen und Ideen von ungeheurer Werbekraft gegenüber. War Hus noch, nach mittelalterlichem Denken völlig zu Recht, als Ketzer verbrannt worden, standen bald Landesherrschaften und Städte auf Luthers Seite. Er strebte wieder eine christliche Kirche ohne Ablasshandel und Hierarchie der Geistlichen an. Änderungen des Ritus, Beteiligung der Gemeinde und Priesterehe sowie Verbindlichkeit der Heiligen Schrift waren frühe Elemente seiner Reform.

Tizian zeigt 1548 das Altersbildnis von Kaiser Maximilian V., der aber, immer noch hellwach, die Staatsgeschäfte zu leiten vermag. (München, Alte Pinakothek)

Bild nächste Doppelseite: Das wunderbare historistische Gemälde von Carl Friedrich Lessing, 1842, zeigt Jan Hus auf dem Konzil von Konstanz, 1415, im Kreise der Kardinäle, Bischöfe, Mönche und Gelehrten, die ihm teils aufgebracht, teils nachdenklich lauschen. Entgegen der Zusage von freiem Geleit wurde Hus wenig später verbrannt. (Frankfurt am Main, Städelsches Kunstinstitut, Inv. Nr. 901)

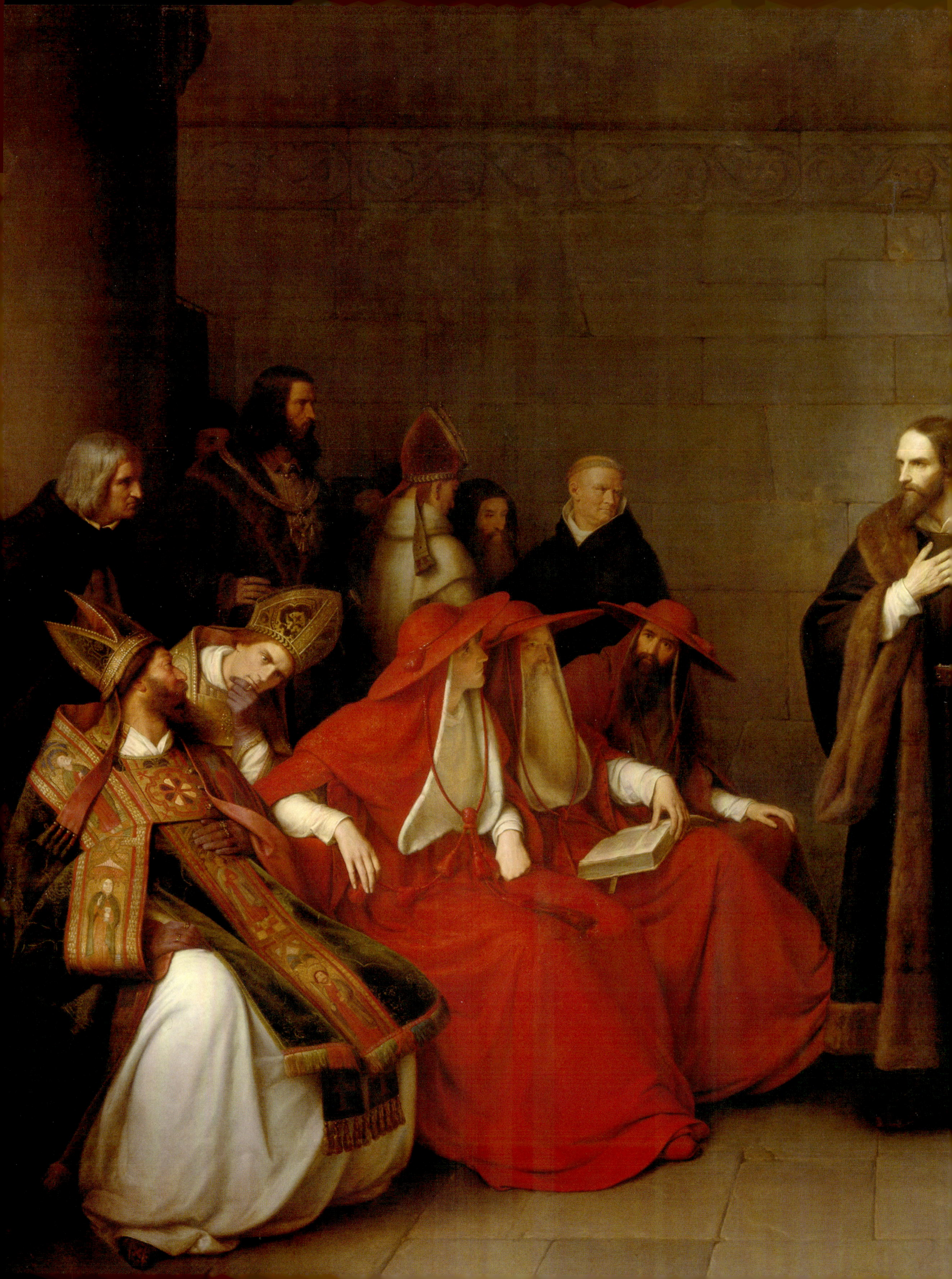

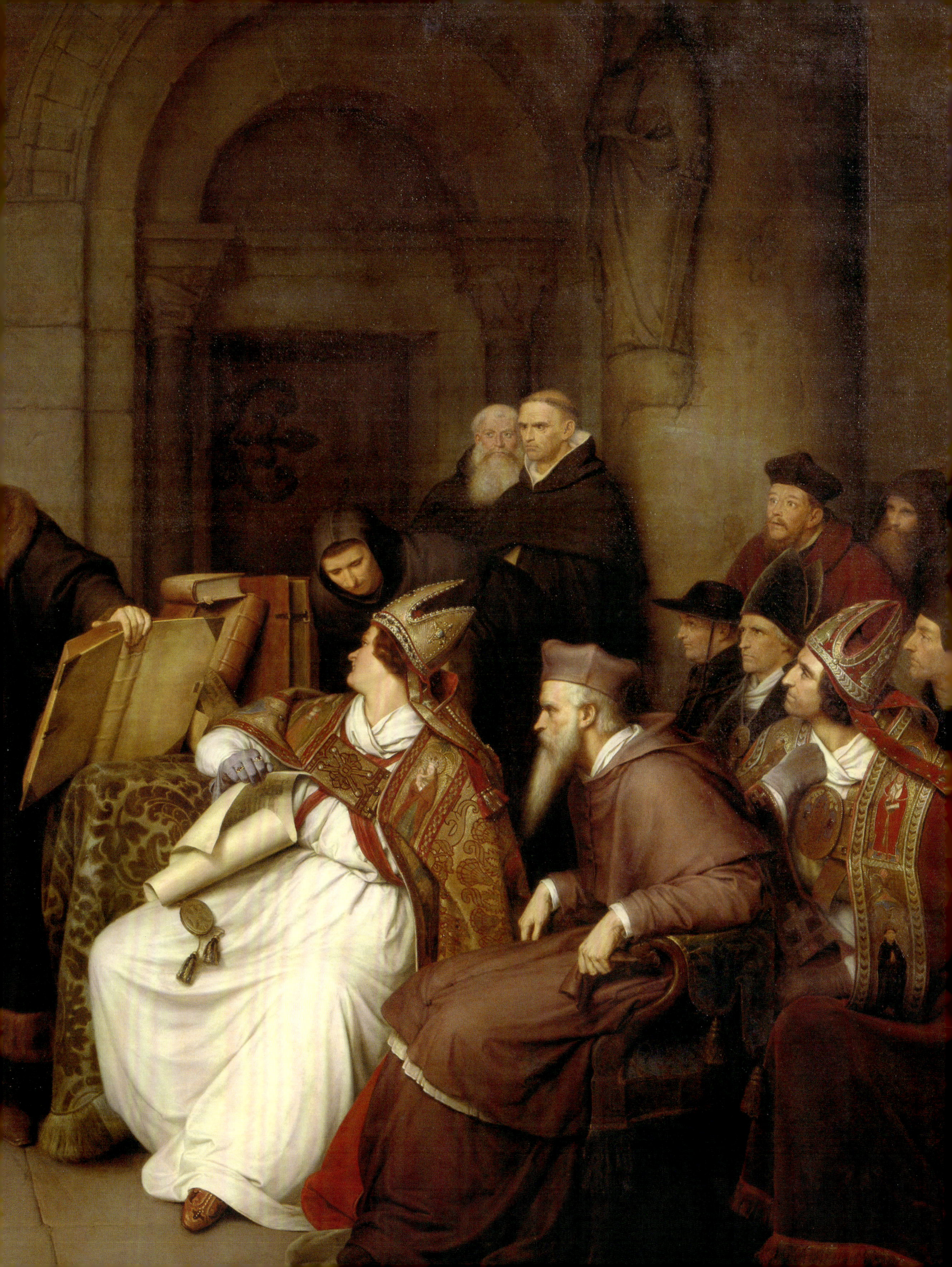

EIN ERSTES ARTEFAKT
Die Grabplatte Wilhelms I. von Maxlrain und seiner beiden Ehefrauen

Wilhelm, Sohn von Otto von Maxlrain und Katharina von Schenna, war gegen Ende des 14. Jahrhunderts mehrfach in herzogliche Händel verwickelt. So 1392, als der bayerische Herzog Johann seinen Bruder Stephan zur Erbteilung zwingen wollte. Herzog Johann schenkte ihm sogar ein Streitross. 1397 wird er von ihm zum Pfleger von Landsberg ernannt. Unter Herzog Johanns Nachfolger Stephan tritt er mehrfach für den Landstand auf und wurde Landvogt in Augsburg, eine Stelle, die er bis 1402 innehatte. 1413 gehört er zu den Unterzeichnern des Fehdebriefs der bayerischen Herzöge an die österreichischen Herzöge Ernst und Friedrich, ein Konflikt, der allerdings im Sande verlaufen zu sein scheint. 1420 leiht Wilhelm I. von Maxlrain der Stadt München die enorme Summe von 1.000 ungarischen Gulden. Aufseiten der Herzöge Ernst und Wilhelm III. des Münchener Zweiges, denen er stets treu gedient hatte, war er noch in den dynastischen Kampf gegen Ludwig den Gebarteten des Ingolstädter Zweiges gezogen. Seine erste Frau, Anna von Pocksberg († 1400), hinterließ ihm die Söhne Johann, Wilhelm II., Ludwig und Hermann sowie eine Tochter. Später ehelichte er Anna Frauenberg von Haag, die im gleichen Jahr (1423) wie Wilhelm I. von Maxlrain starb.[1] Sein und seiner beider Gattinnen Epitaph aus der Familiengrablege im Augustinerstift Beyharting hat sich in der Vorhalle der Kirche von St. Johannes Baptist als ältestes Maxlrainer Artefakt erhalten.

Der hochrechteckige Stein mit umlaufendem Schriftrahmen weist eine gekehlte Eintiefung auf, die unter einem Dreipassbogen ein kunstvolles Wappendreieck zeigt. Eine vermutlich gerüstete Figur mit großem Turnierhelm trägt vor der Brust den Schild mit Maxlrainer Wappen, der doppelten schwarzen Welle vor weißem Grund.

Wilhelm I. hatte den Grabstein wohl nach seiner zweiten Eheschließung bestellt, denn die Jahreszahl 1400 zeigt das Todesjahr seiner ersten Gattin an. (Kat. Nr. 2) (Beyharting, ehem. Augustinerklosterkirche St. Johannes Baptist)

Die Figur des Wappenhalters mit dem mächtigen, löwengekrönten Turnierhelm trägt vor der Brust das Maxlrainer Wappen, mit seiner Rechten hält er den Schild mit den Zinnen der Familie von Pocksberg und mit der Linken jenen mit dem aufsteigenden Ross der Frauenberger zu Haag (Kat. Nr. 2)

Sankt Johannes Baptista wurde im 12. Jahrhundert als Kirche des Beyhartinger Augustinerchorherrenstiftes gegründet und war eine der wichtigen Grablegen der Maxlrainer.

Mit der rechten Hand hält er den Schild mit den Zinnen der Familie von Pocksberg, in der linken den Schild mit dem aufsteigenden Ross der Frauenberger zu Haag. Als Helmzier dient ein mächtiger geflügelter Löwe.

Die Rahmeninschrift lautet:
Hie leit wilhalm maechselrain und sein Hausfrawn zwu anna frawnb'gerin vom hag anna marschalkin vo porsperk a° mcccc.

Die Jahreszahl wurde vermutlich deshalb nicht fertiggestellt, weil der Grabstein zu Lebzeiten Wilhelms I. beim Tode seiner ersten Frau bearbeitet wurde.

Sein Sohn Wilhelm II. von Maxlrain hatte 1422 mit dem Vater in der Schlacht von Alling und Hoflach gegen Herzog Ludwig den Gebarteten gekämpft. Um 1430 belehnten ihn die Herzöge mit der Altenburg an der Mangfall bei Feldkirchen.[2] 1441 wurde er Rat Herzog Albrechts III. Mit seiner zweiten Gemahlin Magdalena von Gumppenberg hatte er zwei Söhne. Er starb 1448. Auch sein Bruder Johann oder Hans war in die Kämpfe mit Ludwig dem Gebarteten verwickelt. Maxlrain als Stammsitz wird für ihn zum ersten Mal erwähnt. Er starb 1459.[3]

---

[1] Wiedemann, S. 17–21.
[2] Wiedemann, S. 21–24. – Andrelang, Franz: Landgericht Aibling und Reichsgrafschaft Hohenwaldeck (Historischer Atlas von Bayern, Altbayern I, Heft 17). München 1967, S. 205, Anm. 9.
[3] Wiedemann, S. 24–31.

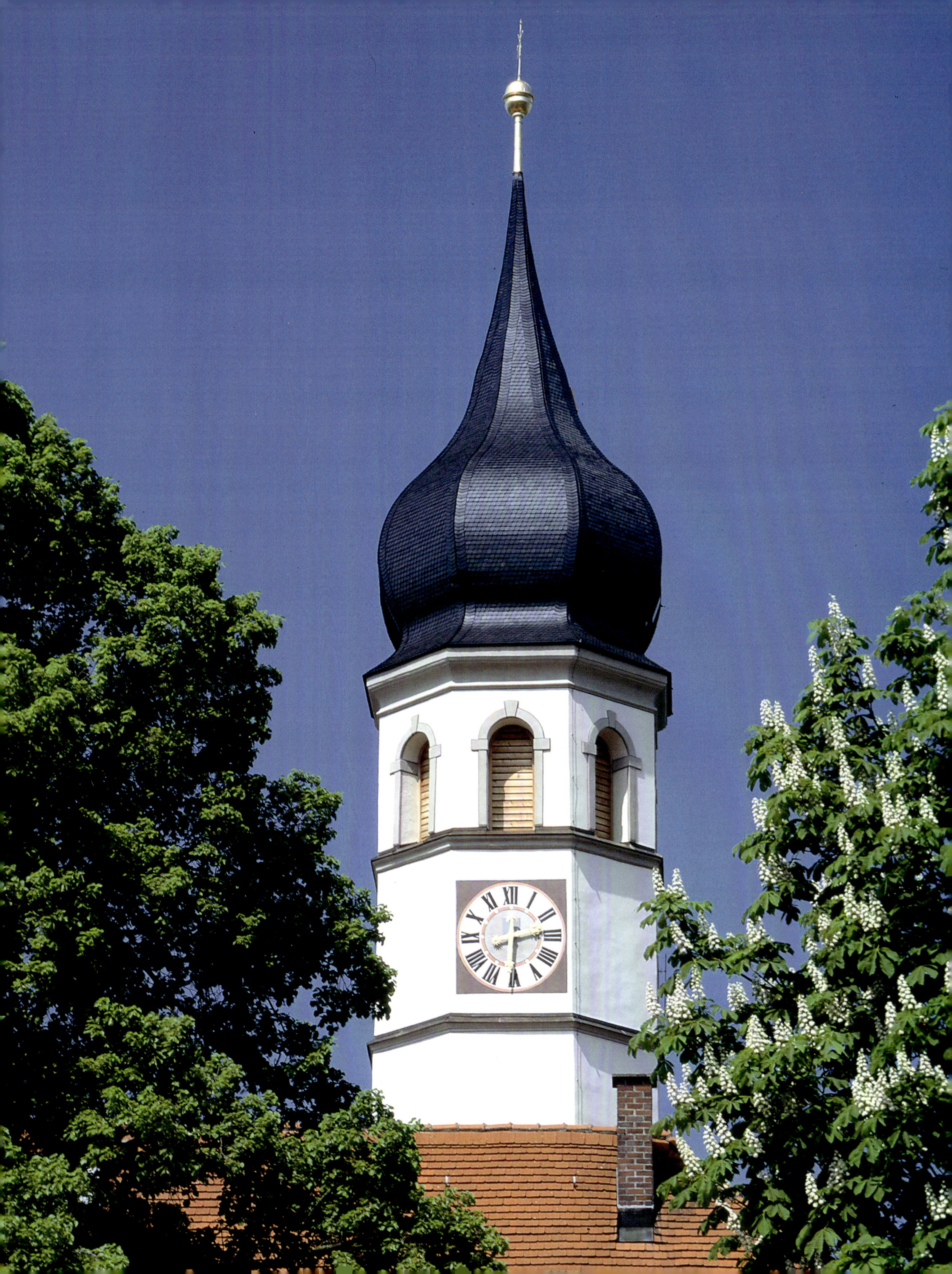

DIE ERBEN WILHELMS I.
von Maxlrain

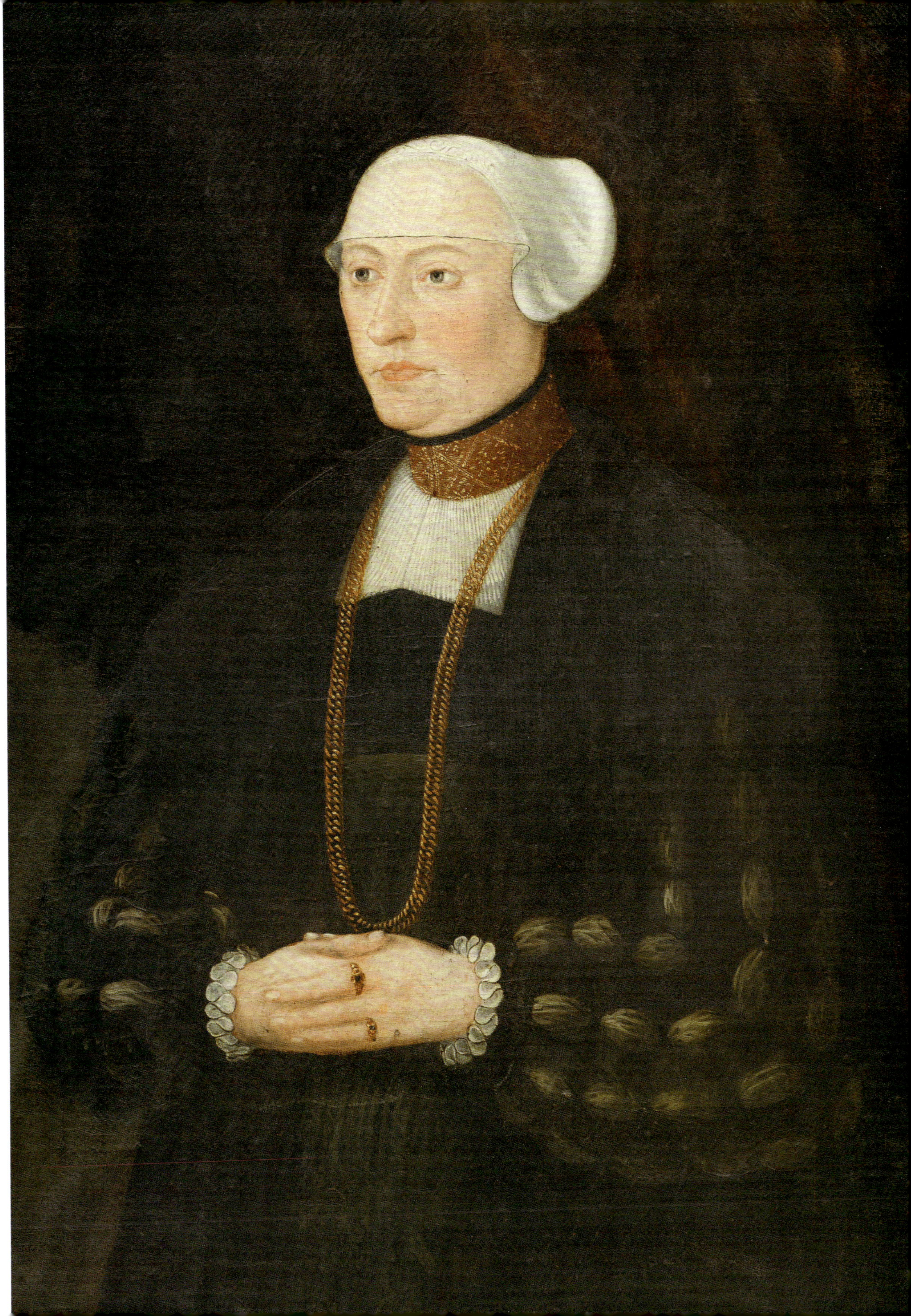

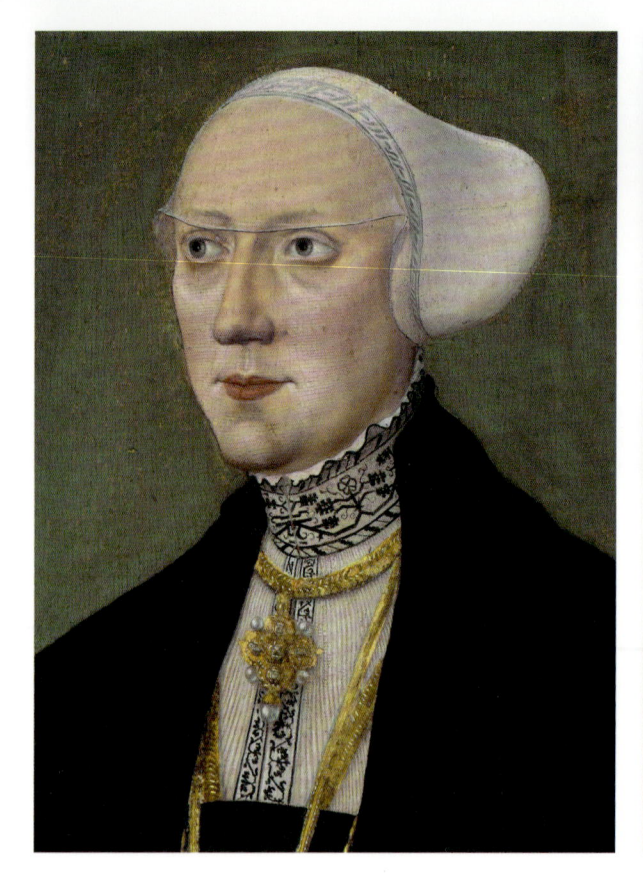

Bild vorherige Doppelseite: Als dritte Version ließ Wolf für sich und seine Frau Anna ein Doppelporträt in höherem Alter darstellen. (Kat. Nr. 3c und 4)

Ganz deutlich zeigt das Gemälde, das Hans Schöpfer von der Herzogin Jakobaea von Bayern gemalt hat, wie sehr die höfische Mode auch die Maxlrainer prägte. (München, Staatl. Verwaltung der Gärten, Schlösser und Seen, Schloss Schleißheim)

Maxlrainer Wappenring und die verschlungenen Goldringe am Zeigefinger. Sein Antlitz unter dem schwarzen Barett ist nun gealtert, eisgrau ist der zweigesträhnte Vollbart geworden. Aber die Augen sind gleich wachsam geblieben, die Brauen wieder skeptisch gehoben, Mund und Kinnpartie deuten die Energie dieses Mannes an. Sein Teint ist immer noch gebräunt, die wieder mageren Wangen gerötet. Sollte die Jahreszahl 1547 auf der Holzdoublierung stimmen, wäre Wolf von Maxlrain auf dem Gemälde neunundsiebzig Jahre alt, was durchaus möglich ist.

Das Damenporträt von Anna von Maxlrain ist als Hüftstück gegeben, aber ohne Zweifel das Gegenstück zum Porträt von Wolf von Maxlrain (03c). Anna von Maxlrain ist nach links gewandt und blickt aus dem Bild vermutlich zu ihrem Gatten. Sie trägt einen schwarzen Mantel, aus dessen geschlitzten Ärmeln hellgrauer Stoff dringt. Unter dem ebenfalls schwarzen Mieder hat sie ein weißes Hemd mit Rüschenmanschetten und einem aufwendigen, goldbestickten hohen Kragen mit schwarzer Samtfütterung an. Um den Hals trägt sie eine lange und schwere Goldkette. Die linke der verschränkten Hände trägt am Zeigefinger einen goldenen Ring mit grünem Edelstein im Kastenschliff und am Zeigefinger einen mit gelben und grünen Edelsteinen. Eine weiße Haube bedeckt das hoch ausgezupfte Haupthaar und die Ohren, transparenter Schleierstoff die

Stirn. Anna von Maxlrain, Tochter des kaiserlichen Rats und Obristhauptmanns, des sogenannten Vaters der Landsknechte, Georg von Frundsberg, war 1520 zwanzigjährig vom damals zweiundfünfzig Jahre alten Wolf von Maxlrain geehelicht worden. So stünde sie im vermutlichen Entstehungsjahr des Gemäldes 1547 im achtundvierzigsten Lebensjahre. Ihr ebenmäßiges Antlitz zeigt die Spuren ihres Lebens, in dem sie Wolf fünf Söhne und vier Töchter geschenkt hatte. Auch sie blickt sehr wachsam und ein wenig skeptisch mit ihren hellblauen Augen, der Mund ist fast zusammengepresst, die Nase edel gebogen. Ein energisches Kinn wird von einem Doppelkinn begleitet. Ihr Teint ist hell und leicht gerötet.

Als Porträt des achtzigjährigen Wolf von Maxlrain wurde stets ein Gemälde eines älteren Herrn, das sich auf Schloss Maxlrain befindet, angesehen.[10] Als stimmige Datierung wurde eine Jahreszahl fälschlich 1548 gelesen, die in Wirklichkeit 15*87 lautet. Damals war Wolf schon sechsundzwanzig Jahre tot. Auf dem Porträt des älteren Herrn sticht deutlich ein Wappenring ins Auge, den er am Zeigefinger der linken Hand trägt. Er zeigt einen weißen Sparren auf rotem Schild, das Wappen der Reichsfreiherren von Herberstein aus der Steiermark.[11] Diese Familie, die auch ganz der Augsburger Religion verhaftet war, muss die Maxlrainer Familie gekannt haben.

Lange Zeit wurde der ältere Herr auf diesem qualitätvollen Porträt für den achtzigjährigen Wolf im Jahre 1548 gehalten. Die Jahreszahl lautet allerdings 15*87. Wie der Wappenring zeigt, handelt es sich aber um ein Mitglied der wichtigen österreichischen Familie Herberstein. (Tuntenhausen, Schloss Maxlrain)

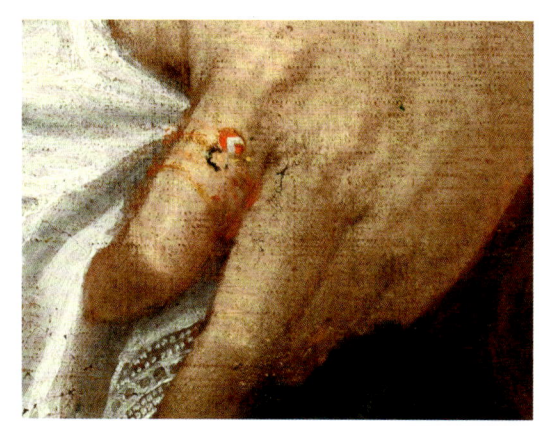

Dies beweist das siebmachersche Wappenbuch von 1605 auf Folio 23: Hier zeigt das Wappen den gleichen weißen Sparren auf rotem Schild wie der Wappenring auf dem Gemälde. (Nürnberg, Germanisches Nationalmuseum, Bibliothek)

---

[1] Obernberg, J. Joseph von: Denkwürdigkeiten der Burgen Miesbach und Waldenberg, so wie des alten Pfarrdorfes Pastberg im Isarkreise des Königreichs Bayern. München 1831. S. V–VI führt das Porträt Wolfs, das ihn als Stich seines Zeitgenossen, des Feldmochinger Pfarrers Joseph Rauschmairs, als Frontispiz zeigt, auf ein Gemälde Holbeins zurück. Wie er zu diesem Urteil kam, ist nicht nachzuvollziehen.

[2] Andrelang, Franz: Landgericht Aibling und Reichsgrafschaft Hohenwaldeck (Historischer Atlas von Bayern, Altbayern I, Heft 17). München 1967, S. 263–264.

[3] Andrelang, Franz: Landgericht Aibling und Reichsgrafschaft Hohenwaldeck (Historischer Atlas von Bayern, Altbayern I, Heft 17). München 1967, S. 264 u. Anm. 25.

[4] Andrelang, wie Anm. 2, S. 206–207.

[5] Andrelang, wie Anm. 2, S. V.

[6] Wiedemann, S. 49–72. – Obernberg, Ignaz Joseph von: Denkwürdigkeiten der Burgen Miesbach und Waldenberg, so wie des alten Pfarrdorfes Pastberg im Isarkreise des Königreichs Bayern. München 1831. - Andrelang, Franz: Landgericht Aibling und Reichsgrafschaft Hohenwaldeck (Historischer Atlas von Bayern, Altbayern I, Heft 17). München 1967, S. 263.

[7] http://collections.vam.ac.uk/item/O644691/second-set-of-most-skilled-print-hans-collaert/, 10.12.2018

[8] Augsburg, Städtische Galerie, Schaezler Palais, Stiftung Haberstock. Inv. Nr. 12595. – Hackenbroch, Yvonne: Renaissance Jewellery. München 1979, Abb. 320 A, B. – Zu Thenn: Pirckmayer, Friedrich: Die Familie Thenn in Salzburg. In: Mitteilungen der Gesellschaft für Salzburger Landeskunde. 1883, S. 1–36. Zu Georg Thenn: S. 26–27. – S. a. Löcher, Kurt: Jakob Seisenegger. Hofmaler Kaiser Ferdinands I. Berlin 1962, S. 92, Kat. Nr. 58: „ANNO DOMINI M.D.XXXX. / PICTA EST EFFIGIES ISTA / G. T. H. AETATIS SUE / ANNO XXIII", darunter das Monogramm. Bei einer Reinigung wurde beides entfernt. Ehemals süddeutscher Privatbesitz, früher als Leihgabe in der Staatsgalerie Stuttgart. – Augsburg, Städtische Galerie, Schaezler Palais, Stiftung Haberstock, Inv. Nr. 12595. Siehe Keßler, Horst: Karl Haberstock. Umstrittener Kunsthändler und Mäzen. Berlin 2008, S. 128–131.

[9] Obernberg, Ignaz Joseph von: Denkwürdigkeiten der Burgen Miesbach und Waldenberg, so wie des alten Pfarrdorfes Pastberg im Isarkreise des Königreichs Bayern. München 1831, Frontispiz.

[10] Lobkowicz, Erich Prinz von (Hrsg.): Maxlrain. Lebendige Tradition. München 2007, S. 13.

[11] Appuhn, Horst (Hrsg.): Johann Siebmachers Wappenbuch. Nürnberg 1605. Dortmund 1989, fol. 23.

WOLF DIETRICH VON MAXLRAIN,

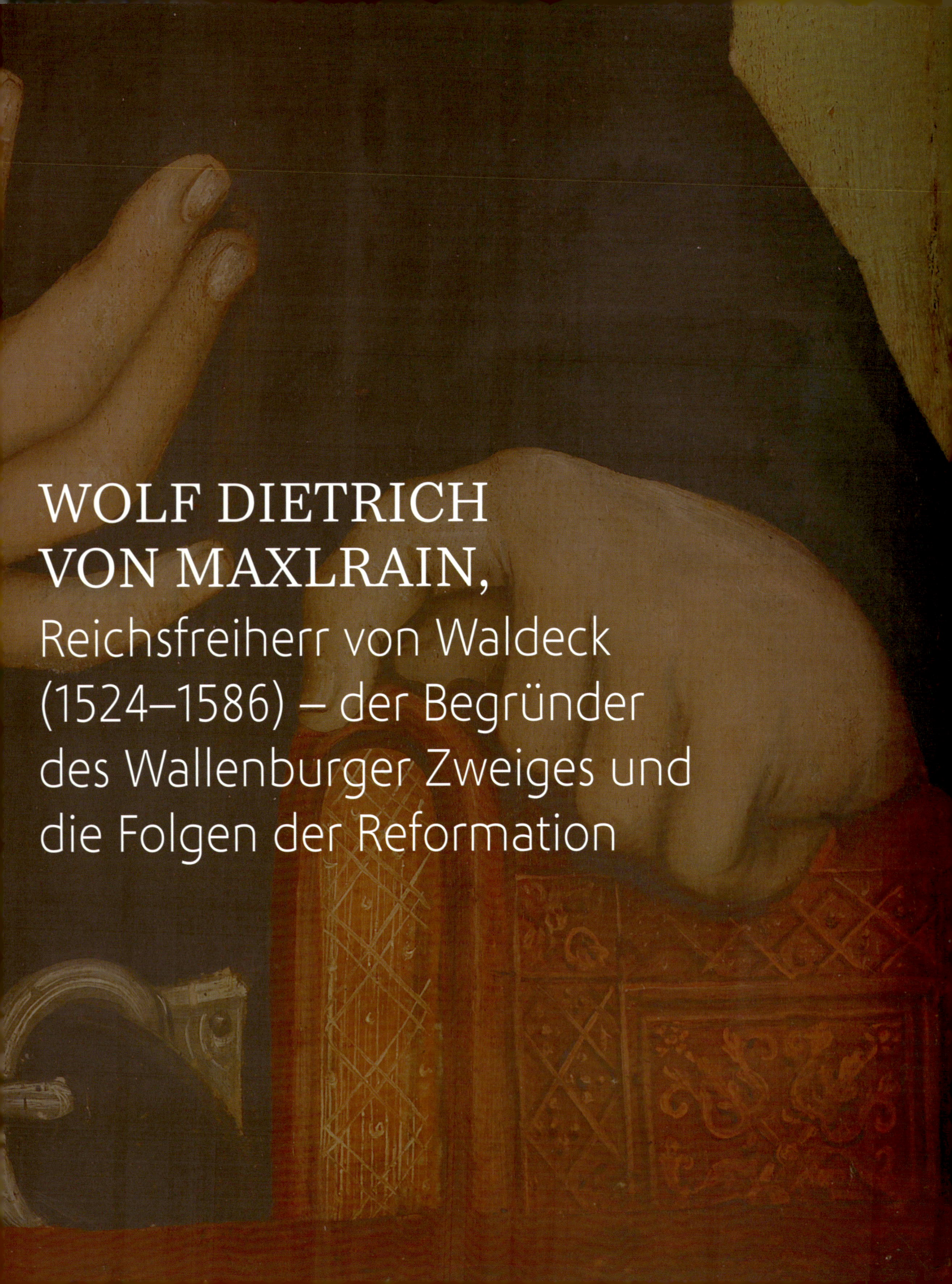

Reichsfreiherr von Waldeck
(1524–1586) – der Begründer
des Wallenburger Zweiges und
die Folgen der Reformation

Das Bildnis von Lucas Cranach d. Ä. zeigt Martin Luther in der Übergangszeit vom Augustinermönch zum Reformator zwischen 1522 und 1524. Es entstand aber erst nach 1546 nach verschiedenen druckgrafischen Vorlagen. (Nürnberg, Germanisches Nationalmuseum, Leihgabe der Merkel'schen Familienstiftung, Inv. Nr. 1546)

V

Von den drei großen europäischen Ereignissen, der Reformation, dem Dreißigjährigen Krieg und dem Spanischen Erbfolgekrieg, waren auch die Maxlrainer, besonders der Waldecker Zweig, betroffen. Wolf von Maxlrain hatte wohl schon früh die Sympathien seines Schwiegervaters für Martin Luther und dessen Konfession der werbekräftigen Entkrustung positiv zur Kenntnis genommen. Wurden doch Georg von Frundsberg die berühmten Worte in den Mund gelegt, zuerst 1594 vom Reformtheologen und Historiker Cyriacus Spangenberg, die er vor dem Reichstag zu Worms 1521 dem Reformationstheologen zugeraunt haben soll: „Münchlein/Münchlein/du gehest jetzt einen gang/einen solchen stand zu thun/dergleichen ich und mancher Oberster auch in unsern allerernsten Schlachtordnung nicht gethan haben: Bistu auffrechter meinung/und deiner sache gewis/so fahre in Gottes Namen fort/und sey nur getrost/Gott wird dich nicht verlassen".[1] Der Einsatz modernster

68

Das Gemälde von Hans Mielich zeigt den bayerischen Herzog Albrecht V. 1545 und dürfte wohl anlässlich von dessen Verlobung mit der Erzherzogin Anna von Österreich entstanden sein. (München, Alte Pinakothek, Inv. Nr. 4301)

Kommunikationsmittel erlaubte es Luther, sich in die Höhle des Löwen zu begeben. Er war zu populär, als dass man ihn um sein freies Geleit betrügen hätte können, wie ein Jahrhundert zuvor Jan Hus (zu deutsch „Gans"). Der Schwan, den die auf dem Scheiterhaufen zu bratende böhmische Gans damals visionär angekündigt hatte, war erschienen.

Jedenfalls hielt es Herzog Albrecht V. für angebracht, im Salzburger Vertrag von Salzburg, 1559, festzuschreiben, dass vor Ende des Tridentiner Konzils keine religiösen Modifikationen in Waldeck vorgenommen werden dürften. Dennoch erbrachte eine Visitation der Freisinger Diözese 1560, dass vielerorts die Messe nach der Augsburger Konfession gefeiert würde, sub utraque, also mit Wein und Brot, in deutscher Sprache und ohne Beichte. Dies konnte nur mit dem stillschweigenden Einverständnis des Landesherrn Wolf von Maxlrain möglich geworden sein, der es offensichtlich für sein Privileg als unabhängiger Reichsfreiherr hielt, die Glaubensrichtung seiner Untertanen zu beurteilen, wie er sich ja auch in anderen rechtlichen, politischen und wirtschaftlichen Bereichen unabhängig von den bayerischen Herzögen gezeigt hatte.[2]

Unter Wolfs Nachfolger, Wolf Dietrich von Maxlrain, Herr auf der Wallenburg seit 1561, spitzte sich dieser Religionskonflikt zu. Er war der zweitälteste Sohn Wolfs von Maxlrain und Anna von Frundsberg und kam 1524 zur Welt. Da er Geistlicher werden wollte, wurde er schon in jungen Jahren 1537 mit der Stelle eines Domkanonikers in Augsburg bedacht. 1539 immatrikulierte er sich an der Ingolstädter Universität. Nach dem Studium wandte er sich jedoch dem weltlichen Leben zu und trat in die Dienste von Herzog Wilhelm IV. Da er schon Pfleger von Ried war, machte der ihn 1548 zum Hauptmann von Burghausen, also dem Sitz des zweiten Rentamts von Oberbayern, wo er den Herzog vertrat. Diesen wichtigen Posten hatte schon sein Vater Wolf innegehabt und er sollte später von seinem Bruder besetzt werden. Wolf Dietrich blieb es bis 1561.

Nach dem Tode seines Vaters Wolf, 1561, gab er die Stelle an Herzog Albrecht V. zurück und trat die Regierung seines Erbes der reichsunmittelbaren Grafschaft Waldeck an. Nacheinander belehnten ihn drei Kaiser mit dieser Herrschaft, 1562 Ferdinand I., 1565 Maximilian II. und 1577 Rudolf II. 1568, auf dem Landtag zu München, bestand Wolf Dietrich auf der Tatsache, dass er nur wegen seiner Güter im Herzogtum dort anwesend sei, nicht wegen Waldeck, denn dies sei ein freies Reichslehen. Dies wurde angenommen und er in den Ausschuss für das Rentamt München gewählt, wo er rühmlich für Bayern wirkte. Nebenher war er vielfältig karitativ tätig. Daneben mehrte er aber auch klug seinen Besitz durch Kauf und Tausch, wie es von Wiedemann ausführlich belegt ist. Am 18. Oktober 1586 starb er, der ein milder Regent seines Landes gewesen war. Wegen seines reformatorischen Eifers musste er mannigfachen Ärger ertragen. Er wurde in der Pfarrkirche von Miesbach neben seinem Vater bestattet.

Seine Gemahlin Veronica, Tochter Ludwigs von Pienzenau, war die Braut seines früh verstorbenen Bruders Wolf Georg gewesen. Er hatte sie 1543 geheiratet. Da auch ihr Vater jung verstorben war, hatte ihr späterer Schwiegervater Wolf die Vormundschaft für sie und ihre Schwestern Martha und Anna übernommen. Sie schenkte Wolf Dietrich drei Söhne: Ludwig II., Wilhelm, der in Ingolstadt studiert hatte und 1596 ledig starb, und Georg sowie drei Töchter: Isabella, Martha und Euphemia.

Wolf Dietrich vertrat die Augsburger Konfession sehr viel nachhaltiger als sein Vater und ließ deren Prediger in Vielzahl in Waldeck zu. Dass dies gefährlich war, zeigten die Aneignungen lutherischer Gebiete in Bayern: Haag 1567, Mattighofen 1579,

Hohenschwangau 1570 durch Albrecht V. Allerdings war Herzog Albrecht wegen seiner dramatischen Finanzsituation vorerst nicht in der Lage, Wolf Dietrich von Maxlrain frontal anzugreifen. Dies sollte sich bald ändern. Nach dem Ingolstädter Landtag von 1563 attackierte er den mächtigen Glaubensgenossen Wolf Dietrichs, Joachim Graf von Ortenburg, auf Mattighofen militärisch und verwarnte Wolf Dietrich, seine Hintersassen mithilfe der aus Freising entsandten katholischen Priester zum alten Glauben zurückzuführen.

Freilich zog sich das in einem schmerzhaften Hinhalteprozess von beiden Seiten hin, mit Zitierung nach München, Einkerkerungen von Predigern und Exkommunikationsdrohungen. Es ging natürlich um viel mehr als die Freiheit der Religion, es ging um das Selbstbewusstsein der reichsfreien Herrschaft Waldeck. 1583 allerdings zog Herzog Wilhelm V., der Fromme, ein Zögling der Ingolstädter Jesuitenuniversität, die militärischen Daumenschrauben an und legte eine gefährliche Handelssperre um Waldeck. Nichts durfte mehr ein- oder ausgeführt werden, die Bevölkerung drohte zu hungern und zu verarmen. Auch schrieb der Jurist und herzogliche Rat Erasmus Fend 1584 eine höchst einleuchtende Denkschrift als „Guettherzige Erinnerung" an seinen Freund Wolf Dietrich von Maxlrain, in der er dessen Fehlverhalten und Irrtümer in sechs Punkten auflistet. Offensichtlich erfolgreich. Viele protestantische Landeskinder waren damals schon in liberale Gegenden, etwa Württemberg oder Kärnten, ausgewandert. Die verbliebenen Untertanen sahen das mit Schrecken und wandten sich nun gegen Wolf Dietrich.[4] Waldeck erkannte geschlossen den katholischen Glauben als die rechte Religion an.

Wolf Dietrichs jüngerer Sohn Georg schließlich, der seinen kränkelnden Bruder Ludwig II. 1603 als Landesherr von Waldeck ablöste, schaffte noch das diplomatische Kunststück, sich Herzog Maximilian I. als treuer Diener zu präsentieren, privat aber ein Verfechter der Augsburger Konfession zu bleiben. Sein Neffe, Wilhelm IV. von Maxlrain, ab 1635 Herr auf der Wallenburg, sollte sich dann wieder als glühender Katholik erweisen.[5] Eine protestantische Episode über drei Generationen hatte ihr Ende gefunden. Die Miesbacher gelten seit dieser Zeit allerdings als besonders eigensinniges Völkchen.

Der Maxlrainer Zweig der Familie unter Wolf Wilhelm hatte keine Anzeichen einer Hinwendung zur Augsburger Konfession gezeigt, ein Umstand der Wittelsbachertreue, der 1580 zu einer umfänglichen Schenkung von ganzfigurigen Porträts der Familie von Herzog Wilhelm V. an das neu erbaute Schloss Maxlrain geführt haben mag, wo die Gemälde sich noch heute befinden.

Das Bildnis des Hofmalers Hans von Aachen zeigt den bayerischen Herzog Wilhelm V. von Bayern als greisen Herrscher um 1589. (München, Residenz)

---

[1] Spangenberg, Cyriacus: Adels-Spiegel (Band 2): Was Adel mache, befördere, ziere, vermere, und erhalte ... Darinnen auch am Alder ... ein schöner Regentenspiegel Aller in der Obrigkeit ... furgestellt wird. Schmalkalden 1594, fol. 54 r–v.

[2] Wiedemann, S. 86–111: Die Maxlrainer als Reformatoren.

[3] Siehe Wiedemann, S. 58, Kapitel e) Wolf von Maxlrain.

[4] Greindl, Gabriele: Religionsauseinandersetzungen im Gebiet Waldeck. Edition der „Guetthertzigen Erinnerung" des Herzoglichen Rates Erasmus Fend 1584. In: Zeitschrift für bayerische Landesgeschichte, 59 (1966), S. 36–51.

[5] Schönmetzler, Klaus J.: Mangfalltal. Bad Aibling und seine Landschaft. Bad Aibling 2004, S. 34–35.

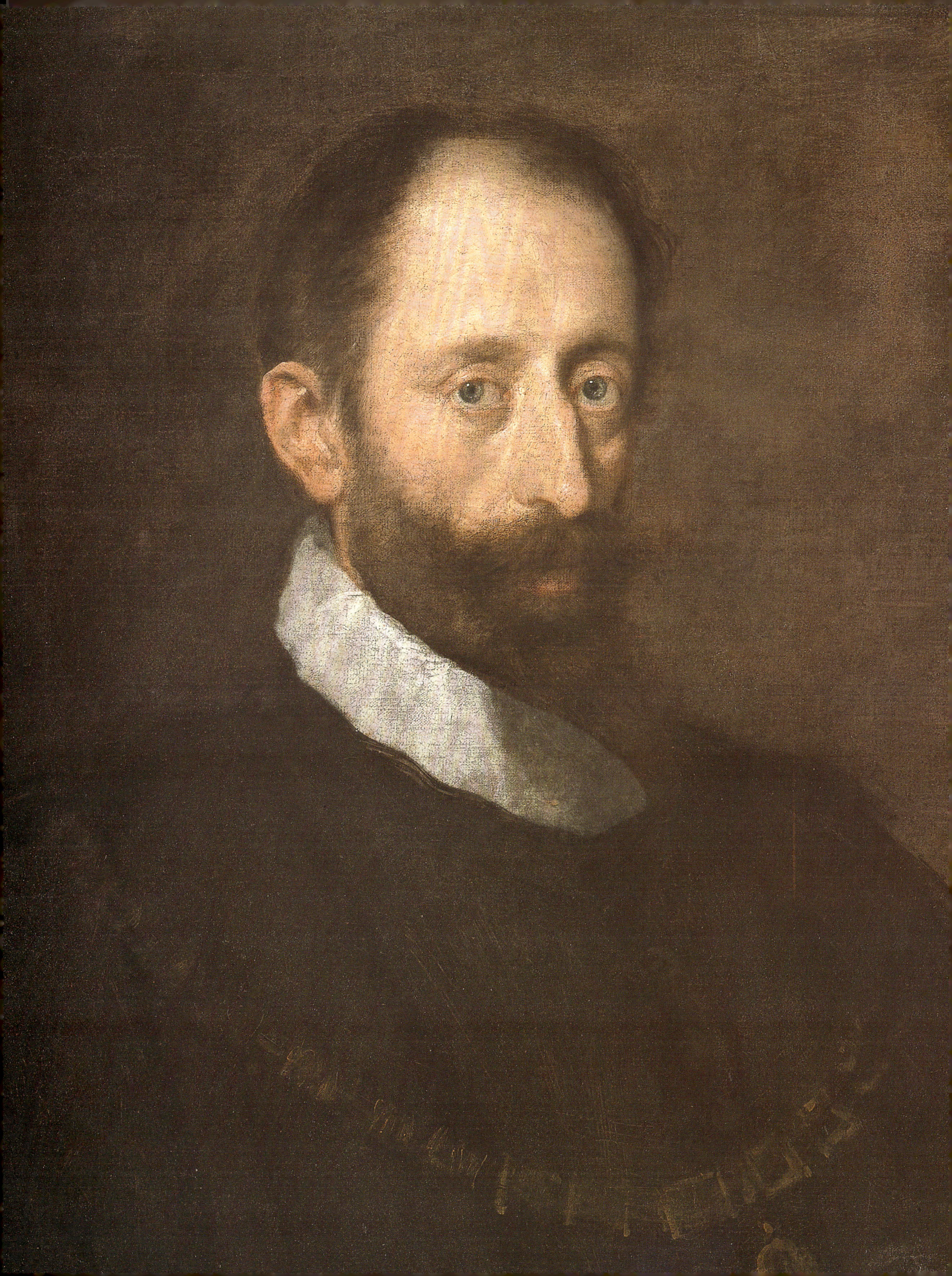

DAS JAHRHUNDERT DES MARS
Europa im Dreißigjährigen Krieg

Als Kriegsherr im Kürassierharnisch wird Maximilian I. von Bayern auf einem Kupferstich des sog. Arolser Klebebands 1 dargestellt. Auch er hat auf dem Tisch neben sich Helm und Handschuhe stehen, um sich vom Menschen in den Kriegsführer verwandeln zu können. (Arolsen, Fürstlich Waldecksche Hofbibliothek)

Zwar prägten vom 16. bis zum Anfang des 19. Jahrhunderts beständig Kampfhandlungen die Geschichte Europas, besonders aber das 17. Jahrhundert muss als „Jahrhundert des immerwährenden Krieges" empfunden worden sein. Auseinandersetzungen zwischen den Königreichen Dänemark, Polen und Schweden zu Beginn, dreißig Jahre brennendes Habsburgerreich, weitere dreißig Jahre eines kriegerischen Ludwig XIV., schließlich die Türkenkriege bis zum Frieden von Karlowitz 1699 ließen vier Generationen in ununterbrochenem Chaos leben. Da Bayern unter Herzog Maximilian I. besonders in den Konflikt verwickelt war, damit auch die Herren auf Maxlrain und Waldeck, lohnt sich hier eine genaue Ansicht des komplex verworrenen Geschehens.

Das Leiden im Dreißigjährigen Krieg hatte geringfügige Auslöser, die vordergründig aus den fast einhundert Jahre zurückliegenden Glaubenstrennungen des 16. Jahrhunderts resultierten. Tatsächlich stand die Verwirklichung von Herrschaftsansprüchen im Vordergrund: Am 17. Dezember 1607 hatte eine protestantische Gruppe in der kleinen Reichsstadt Donauwörth eine katholische Prozession gestört und Herzog Maximilian I. von Bayern (München 1573 – Ingolstadt 1651) trat als Vollstrecker der folgenden kaiserlichen Acht auf den Plan. Der jesuitisch geprägte Landesherr verleibte darüber hinaus die Stadt als Ersatz für seine Ausgaben dieser Strafaktion seinem Herzogtum ein.

Zuerst führte diese Eigenmächtigkeit am 12. Mai 1608 zum Zusammenschluss der Protestantischen Union, der wenig später, am 10. Juli 1609, die Katholische Liga pari bot. Im Jahre 1612 stellte sich bereits die Machtpolarisierung klar dar: In der Katholischen Liga vereinigt waren am Mittelrhein und im Süden des Reiches Köln, Trier, Straßburg, Mainz, Fulda, Würzburg, Bamberg, Konstanz, Ellwangen, Augsburg, das bayerische Herzogtum und Eichstätt. Dem gegenüber traten am Niederrhein und in Norddeutschland Kleve, Jülich, Berg, Mark, Hessen-Kassel,

Matthaeus Merian bildet in seinem umfassenden Geschichtswerk „Theatrum Europaeum",
Frankfurt 1666, das Geschehen des Prager Fenstersturzes in aller Drastik ab.

Anhalt und Brandenburg als protestantische Staatengebilde in Erscheinung. Protestantisch waren auch Ravensburg, Bayreuth, Baden, Württemberg, Ansbach, Neuburg, das Kurfürstentum Pfalz und die Oberpfalz in räumlicher Nähe zur Katholischen Liga. Personalisieren lassen sich die beiden Machtblöcke mit den Gestalten Maximilian I. von Bayern einerseits und andererseits mit dessen calvinistischen Vettern, den pfälzischen Kurfürsten Friedrich IV. und Friedrich V. Der Erhalt der pfälzischen Kurwürde war stets das Ziel bayerischer Herzöge gewesen. Zum tiefen Zerwürfnis zwischen diesen beiden religiösen Lagern war es auch vor dem langen Krieg häufiger gekommen, besonders in den Jülich-Klevischen Erbstreitigkeiten von 1609/10.

Innerfamiliäre Spannungen lieferten auch den Zündstoff für die erste Phase des Dreißigjährigen Krieges, den Böhmisch-Pfälzischen Krieg (1618–1623). In dieser Auseinandersetzung zwischen Kaiser Rudolph II. (1576–1612) und dessen Bruder Matthias (1612–1619) konnte der Ältere seine Machtstellung in Böhmen nur behaupten, indem er sich der lutherfreundlichen utraquistischen böhmischen Konfession versicherte. Dieser Laienkelchbewegung hatte Rudolph II. im Majestätsbrief von 1609 volle Religionsfreiheit erteilt. Mit dem Machtwechsel an Matthias 1612 wurde diese Glaubensfreiheit wieder drastisch beschränkt.

Die folgenden Spannungen zwischen den protestantischen und den kaiserlichen Ständen Böhmens gipfelten in den Tumulten vom 23. Mai 1618, während derer die königlichen Statthalter Jaroslaw Borsita Graf von Martinitz und Wilhelm Slawata von Chlum und Koschumberg sowie der Kanzleisekretär Philipp Fabricius aus einem Fenster der Prager Burg geworfen worden waren. Alle drei überlebten wie durch ein Wunder den Sturz aus siebzehn Meter Höhe. Danach gewährte ihnen Polyxena Fürstin von Lobkowicz (1566–1642) Zuflucht in ihrem väterlichen Palais Lobkowicz auf der Prager Burg und machte damit ihrem Namen – die Gastfreundliche – alle Ehre. Diese außergewöhnliche und, durch

Die wunderschöne Polyxena Fürstin von Lobkowicz machte ihrem Namen „die Gastfreundliche" alle Ehre und nahm die drei kaiserlichen Gesandten, die wie durch ein Wunder den Fenstersturz überlebt hatten, in ihrem Palais auf der Prager Burg auf. (Prag, Palais Lobkowicz, Sammlung William Prinz Lobkowicz)

Wohl aus Dankbarkeit für die wundersame Hilfe des Karmelitermönches Dominicus a Jesu Maria während der Schlacht am Weißen Berge 1620 vermachte Polyxena Fürstin von Lobkowicz 1631 der Prager Karmeliterkirche der Heiligen Maria vom Siege das berühmte „Prager Jesulein", das ihre Mutter aus Spanien mitgebracht hatte. Heute ist es das wichtigste Gnadenbild im böhmisch-mährischen Raum. (Prag, Karmeliterkirche Hl. Maria vom Siege)

ihre erste Ehe mit Wilhelm von Rosenberg, sehr wohlhabende Frau war seit 1603 mit dem Oberstkanzler Zdeněk Vojtěch Popel Lobkowicz verheiratet und hatte enge Beziehungen zum hohen Adel in Böhmen, Mähren und Schlesien. Im Böhmischen Ständeaufstand von 1618 stand die überzeugte Katholikin aufseiten der Habsburger. Mit Recht spricht man von ihr als Stammmutter der Familie Lobkowicz, war sie doch Mutter des einzigen männlichen Stammhalters Wenzel Eusebius Fürst von Lobkowicz. Polyxena Fürstin von Lobkowicz war es auch, die der Stadt Prag ein wichtiges Geschenk vermachte. Ihre Mutter Maria Manrique de Lara hatte, als sie 1555 den böhmischen Oberstkanzler Vratislav von Pernstein ehelichte, ein Stück Erinnerung aus ihrer kastilischen Heimat mit nach Prag gebracht, das Bildnis eines Jesuskindes, kostbar aus Wachs über einem Holzkern geformt. Als Familien-Gnadenbild stand es zur Andacht in der Kapelle des Palais Lobkowicz, das nach dem Tode ihrer Mutter von Polyxena Lobkowicz verwaltet wurde. Sie war außerdem Vormund ihres früh verwaisten Neffen Vratislav Eusebius von Pernstein geworden. Nach dessen Tod 1631 bei einer Kriegshandlung in Tangermünde schenkte sie das wundermächtige Gnadenbild der Karmeliterkirche der Heiligen Maria vom Siege auf der Prager Kleinseite, sicher auch aus Dankbarkeit für die wundersame Hilfe, die der Karmelitermönch Dominicus a Jesu Maria bei der Schlacht am Weißen Berg geleistet hatte. Kostbar gewandet und seit 1655 mit einer wertvollen Krone geehrt, befindet sich das Prager Jesulein noch heute in dieser Kirche und wird alljährlich von Hunderttausenden von Wallfahrern besucht.[1]

Sechzig böhmische Direktoren unter der Führung des Grafen von Thurn übernahmen nach diesem Tumult die Regierung und erhielten über savoyische Vermittlung Militärhilfe. Aus Kreisen der Protestantischen Union traf eilig Ernst II. Graf von Mansfeld (Luxemburg 1580 – Rakovica 1626) ein, einer jener Kriegsherren, die das Geschehen der nächsten dreißig Jahre bestimmen sollten. Seinem militärischen Geschick war die Einnahme von Pilsen bereits im September 1618 und das Vordringen der Protestantischen Union bis Wien zu verdanken.

Zur Beschwernis der habsburgischen Lage trug der Tod Kaiser Matthias' am 20. März 1619 bei. Die Wahl seines Nachfolgers Ferdinand II. sollte sich bis Anfang August hinziehen, weil der pfälzische Kurfürst, Friedrich V. (Mainz 1596 – 1632), auf der Nominierung seines bayerischen Kontrahenten, Maximilian I., bestanden hatte. Sicher rechnete sich der Pfälzer mit der Kaiserwahl seines Rivalen, die ihn viel angreifbarer gemacht hätte, eine Stärkung seiner eigenen böhmischen Interessen aus. Zwischenzeitlich nämlich war Ferdinand II. als König von Böhmen abgesetzt und Friedrich V. von den dortigen Ständen als neuer Rex Bohemiae ausgerufen worden. Dieser calvinistische Führer der Protestantischen Union war damit zu einer solchen Machtstellung gelangt, dass nur die Münchener Verträge vom 8. Oktober 1619 ihm Einhalt gebieten konnten. Im katholischen Bündnis aus spanisch-österreichisch Habsburg und Bayern wurde Maximilian I. als Leiter der Katholischen Liga mit der Entmachtung Friedrichs V. beauftragt. Die böhmische Königswürde sollte die Konfrontation mit diesen Gegnern und Friedrich V. den Verlust seines pfälzischen Kurfürstentums eintragen. Der Krieg, der bislang auf Böhmen beschränkt war, wurde damit nach Deutschland hineingetragen. Einerseits unterwarf Maximilian I. die revoltierenden protestantischen österreichischen Stände und andererseits marschierten spanische Verbündete des Kaisers unter Führung des italienischen Condottiere Ambrosio Marchese Spinola (Genua 1572 – Castelnuovo 1630) mit 23.000 Mann unter viel Blutvergießen in die Pfalz ein.

Mit dem späteren Reichsgrafen Johann Tilly (Genappe 1559 – Ingolstadt 1632) erschien außerdem ein Kriegsherr aufseiten der kaiserlichen Truppen, der eine Wendung zugunsten der Katholischen Liga erzwang. Seiner kriegerischen Erfahrung war es zu verdanken, dass Maximilian I. am 8. November 1620 als Sieger aus der Schlacht am Weißen Berge bei Prag hervorging.

Die Schlacht am Weißen Berge am 8. November 1620 war die erste große militärische Auseinandersetzung des Dreißigjährigen Krieges. Die protestantischen böhmischen Stände standen gegen die Katholische Liga. Selbst ein so herausragender Feldherr wie Tilly, der die bayerischen Truppen Herzog Maximilians I. befehligte, war von der Uneinnehmbarkeit der Anhöhe westlich von Prag, auf der sich die Böhmen verschanzt hatten, überzeugt. Legendär ist die wundersame Leistung des Karmelitermönches Dominicus a Jesu Maria, der den kaiserlichen Soldaten das Gnadenbild der Heiligen Familie aus dem geplünderten Schloss Strakonice wies, bei dem die Augen von Maria und Josef ausgestochen waren. Unter dem Schlachtruf „Santa Maria" seien die Kaiserlichen daraufhin bergan gestürmt. Das besagte Bild gelangte bald in die Karmeliterkirche Santa Maria della Vittoria in Rom, einem Bau des berühmten Carlo Maderno von 1608 bis 1620, der erst dem heiligen Paulus gewidmet war. Nach dem Sieg vom Weißen Berg erhielt die Kirche ihren heutigen Namen zu Ehren des geschädigten Gnadenbildes, das 1833 verbrannte. Das Apsisfresko in der römischen Kirche zeigt den Einzug des Bildes in Prag 1620. Sicher trug diese Episode dazu bei, dass Polyxena Lobkowicz das Jesuskindlein-Gnadenbild ihrer Mutter an die Karmeliterkirche der Heiligen Maria vom Siege stiftete, die 1613 als lutheranische Kirche gebaut worden war, und wohin das Strakonicer Gnadenbild 1620 als Erstes gebracht wurde. In der Tat war es aber der Kühnheit Tillys zu verdanken gewesen, der mit seiner italienischen und polnischen Kavallerie angriff, dass das katholische

Im Arolser Klebeband findet sich auch das Bildnis des Generalissimus Albrecht Wenzel Eusebius von Wallenstein, der die kaiserlichen Truppen lange Zeit von Sieg zu Sieg führte. (Arolsen, Fürstlich Waldecksche Hofbibliothek)

Heer siegte. Und doch scheint es den Mönch Dominicus gegeben zu haben. Nur so ist es zu verstehen, wie es zu einer bedeutenden Stiftung des Feldherren Tilly gekommen ist.

Johannes T'Serclaes Graf von Tilly (1559 auf Schloss Tilly in Brabant – 1632 in Ingolstadt), bis ins hohe Alter einer der erfolgreichsten Heerführer der Katholischen Liga, stiftete 1629/30 den nördlichen Choraltar der hochberühmten Wallfahrtskirche Mariae Himmelfahrt in Tuntenhausen. Diese seit 1221 dem Augustinerchorherrenstift Beyharting inkorporierte Kirche gehört zu den ältesten Marienkirchen in Bayern. Die Wallfahrt erblühte 1441 mit der Heilung einer schwer kranken Frau aus dem nahe gelegenen Brettschleipfen. Tuntenhausen ist bis heute mit Altötting der berühmteste Wallfahrtsort Bayerns. Unter Maximilian I. wurde ab 1628 die 1548 von einem Brand schwer beschädigte Kirche vom Münchener Baumeister Veit Schmidt und vom Klosterbaumeister Caspar Pfister prachtvoll erweitert. Der Herzog selbst gab große Summen seines Privatvermögens für den Bau und stiftete den Hauptaltar, der das Gnadenbild der Virgo Potens zeigt. Der nördliche Choraltar, der auf beiden Säulen der Barockarchitektur das Wappen Tillys trägt, entstand 1629/30. Ursprünglich war er dem heiligen Andreas geweiht, wurde aber auch von der Rosenkranzbruderschaft, die in der Wallfahrtskirche über der Sakristei eine eigene Kapelle besitzt, mitgenutzt. Deshalb wurde das zentrale Andreas-Altarblatt schon bald in den südlichen Choraltar überführt. An seiner statt wurde das heutige Gemälde eingefügt, das die Rosenkranzübergabe an den heiligen Dominikus zeigt. In der unteren Zone sieht man Mitglieder der Bruderschaft gemeinsam mit Augustinerchorherren von Beyharting in Fürbitte. Darüber in den Wolken den Gründer des Dominikanerordens – aus dem im 15. Jahrhundert die Rosenkranzbruderschaften, die Confratriae Psalterii D. N. Jesu Christi et Mariae Virginis hervorgingen, der gerade vom Jesuskind, das an der Hand seiner Mutter schwebt, den Rosenkranz überreicht bekommt. Auf der Mensa des Altars stehen als ursprünglicher Bestand zwei Engelskulpturen, darüber als lebensgroße Statuen Johannes Baptista und Johannes Evangelista, die Namenspatrone Tillys. Im Giebel halten zwei schwebende Engel ein weiteres Gemälde mit dem gekreuzigten Andreas. Die Rosenkranzbruderschaft, die sich eine Vertiefung der Volksfrömmigkeit durch das Rosenkranzgebet zur Aufgabe gesetzt hatte, hatte bereits die Kaiser Friedrich III. und Maximilian I. als Mitglieder. So war wahrscheinlich auch der strenggläubige Tilly Mitglied. Es steht zu vermuten, dass der Karmelitermönch vom Weißen Berg, Dominicus a Jesu Maria, der ja den Bruderschaftsnamen in seinem Ordensnamen trägt, Mitglied der Rosenkranzbruderschaft war und dass Tilly den Altar als Dank für dessen Eingreifen in den Kampf am Weißen Berg gespendet hat.[2]

Was auf die Schlacht am Weißen Berg folgte, war ein grausames Strafgericht: die Ächtung aller böhmischen Anhänger des „Winterkönigs" Friedrich V., der zu seinem Schwiegervater, König James I., nach England geflohen war. Die Folgen für die böhmischen Stände waren furchtbar. Einundsechzig Anführer wurden gefangen gesetzt und siebenundzwanzig von ihnen 1621 in Prag öffentlich hingerichtet. Alle gingen ihrer Güter verlustig und bis ins 19. Jahrhundert sprachen der böhmische Adel und das höhere Bürgertum in Böhmen deutsch. In ganz Böhmen wurde mit aller Gewalt die Gegenreformation durchgesetzt. In Deutschland sah sich die Protestantische Union am 14. Mai 1622 zur Auflösung gezwungen. Bayern besetzte die Oberpfalz. Tilly eroberte 1622 Heidelberg. Die folgende Schlacht bei Wiesloch konnte der stets beteiligte Ernst von Mansfeld im April 1622 zwar für die Protestanten entscheiden, wenig später aber siegte Tilly bei Wimpfen für die Kaiserlichen gegen Georg Friedrich von Baden-Durlach. Das ganze Jahr noch klirrten die Waffen in Deutschland, ehe der Regensburger Fürstentag 1623 nach langen Vorbereitungen das Ende des Böhmisch-Pfälzischen Krieges einleiten konnte.

Die Lage für Friedrich V. von der Pfalz schien aussichtslos. Auch die Vermittlung seines Schwiegervaters, des englischen Königs Jakob I. brachte keinen Gewinn. Maximilian I. von Bayern hatte gesiegt, er erhielt die lange ersehnte pfälzische Kurwürde und die Oberpfalz. Das Stammland, die Pfalz selbst, wurde rechtsrheinisch durch die Liga, linksrheinisch durch die Spanier besetzt. Mansfeld musste im Januar 1624 die protestantische Armee entlassen. An Frieden war freilich nicht zu denken. Sollte die dritte Großmacht, Frankreich, in und nach dieser ersten Kriegsphase kaiserfreundlich abwartende Ruhe gezeigt haben, so regte sich jetzt der Norden.

Christian IV. (Fredericksborg 1577 – Kopenhagen 1648), König von Dänemark und Norwegen, Kreisoberst von Niedersachsen und Herzog von Holstein, wurde von den protestantischen Kräften in Deutschland, Holland und England getrieben, Friedrich V. von der Pfalz wieder als Kurfürsten einzusetzen. Wie ein Gegengewicht trat gleichzeitig die überragende Gestalt des Krieges, Albrecht Wenzel Eusebius von Wallenstein (Hermainz 1583 – Eger 1634) in das Geschehen ein. Nur Richelieu kam ihm gleich. Er war utraquistisch erzogen worden und später unter jesuitischem Einfluss konvertiert, dann durch zielstrebig geschickte Transaktionen unermesslich reich geworden. Als hochbegabter Stratege war er schon bei der Schlacht am Weißen Berge aufseiten Tillys gestanden. Seit 1624 Herzog von Friedland, erhielt er 1625 von Ferdinand II. den Auftrag, als Generalissimus eine Armee gegen Christian IV. aufzustellen. Der Dänisch-Niedersächsische Krieg (1624–1629) konnte beginnen.

Mit einem Erfolg, dem etwas Zauberhaftes eignete, schlug Wallenstein gleichsam in einem Zug 1626 Ernst Graf Mansfeld an der Dessauer Brücke und wenig später Christian IV. bei Lutter am Barenberge bei Braunschweig. Unaufhaltsam eroberte er gemeinsam mit Tilly Holstein, Schleswig, Mecklenburg und Pommern. Im September besiegte Wallenstein die Dänen bei Wolgers endgültig. König Christian musste daraufhin in den Friedensvertrag von Kaiser Ferdinand II. einwilligen. Die Folge dieses Krieges der Habsburger bekamen die deutschen Protestanten weit mehr zu spüren als ihr dänischer Führer Christian IV. Dieser erhielt seine Länder zurück, musste aber zukünftig jeder Einmischung in die deutschen Streitigkeiten entsagen. Im eigenen Lande dagegen erfuhren die protestantischen Fürsten mit dem kaiserlichen Restitutionsedikt vom März 1629 zum zweiten Mal die Härte des Siegers. Damit wurde aufgehoben, was seit einem Dreiviertelsjahrhundert Gültigkeit gehabt hatte – der Passauer Vertrag von 1552. Die damalige Zusprechung von geistlichen Gütern an protestantische Fürsten wurde jetzt für null und nichtig erklärt. Das betraf neben den Erzbistümern von Magdeburg und Bremen zwölf Bistümer im Nordosten des Landes. Für die protestantische Partei evozierte das Urteil die bedrohlichste Lage seit der Glaubenstrennung, zumal nur noch die Augsburger Konfession gestattet bleiben sollte. Alle anderen Reformationskirchen waren zum Untergang verdammt.

Die Rolle, die in der vergangenen Kriegsphase Christian IV. von Dänemark und Norwegen innegehabt hatte, um dem deutschen Protestantismus und seinen Machtträgern beizustehen, übernahm in dieser Situation der schwedische König Gustav II. Adolf (Stockholm 1594 – Lützen 1632). Als gemäßigter Lutheraner trat er als ein Vertreter der Glaubenstoleranz auf, als machtvoller Eroberungspolitiker dagegen hatte er sein Reich bereits 1617 nach Osten bis Karelien ausgeweitet und war 1629 begehrlich nach Polen aufgebrochen. Der schwedische Herrscher wurde zum Protagonisten im Schwedischen Krieg (1630–1634), auch wenn er schon im zweiten Kriegsjahr fallen sollte. 1630 auf Usedom gelandet, setzte er darauf die Herzöge von Mecklenburg wieder ein, ging gegen Wollin, Stettin und Pommern vor. 1631 schloss er den Subsidienvertrag von Bärwalde mit dem französischen Minister Armand-Jean du Plessis, Kardinal von Richelieu (Paris 1585 – Paris 1642), ab. Obwohl diese Abmachung proprotestantisch ausgelegt war, beinhaltete die darin versprochene Finanzhilfe der „allerchristlichen" Könige immerhin die Klausel, Bayern und die katholischen Stände beim Kampf gegen den Kaiser zu schonen. In mehreren Feldzügen eroberte Gustav II. Adolf 1631 die brandenburgischen Festungen Frankfurt/Oder und Landsberg/Warthe. In Magdeburg dagegen siegte Tilly für den Kaiser und bedrängte den sächsischen Kurfürsten Johann Georg I. (Dresden 1581–1656),

Eine Schneise der Verwüstung zog sich durch bis nach dem Elsass und Lothringen im Sü

der nach dem Restitutionsedikt vom Kaiser abgefallen war. Johann Georg konnte Gustav II. Adolf als Bundesgenossen gewinnen und gemeinsam schlugen sie am 17. September 1631 Tilly vernichtend bei Breitenfeld nahe Leipzig. Nach Osten war Gustav II. Adolf abgedeckt durch den ehemals kaiserlichen, aber lutherischen Feldherren Hans Georg Arnim von Boitzenberg (1583–1641). Dieser interessante Heerführer war zwar zu den Schweden übergegangen, hatte jedoch stets Kontakt zu Wallenstein gehalten. Die Schweden konnten mit solcher Hilfe ungehindert nach Südwestdeutschland vordringen. Über Thüringen, Franken, Erfurt, Würzburg und Hanau zog er bis Frankfurt, eroberte die Pfalz und Mainz. Nach dem dortigen Winterquartier ging er gegen Nürnberg, schlug Tilly erneut im April 1632 bei Rain am Lech und nahm Augsburg wie auch München ein. „Bet, Kind, bet, morgen kommt der Schwed" lautet noch heute ein Auszählreim in Bayern.

In solcher Not schien die Wiedereinsetzung des zwischenzeitlich entmachteten Wallensteins als General-Oberst-Feldhauptmann des Kaisers in Deutschland unvermeidbar. Die Machtfülle Wallensteins übertraf nun die Handlungsfähigkeit des Kaisers bei Weitem. Mit schließlich wie aus dem Boden gestampften 170.000 Mann hielt Wallenstein den schwedischen König bei Nürnberg vier Monate auf. Ohne eine Schlacht zog er nach Sachsen und bedrängte den Kurfürsten Johann Georg I. Im November tobte die Schlacht von Lützen, die der schwedische König nicht überleben sollte. Bernhard von Weimar (Weimar 1604 – Neuenburg am Rhein 1639) siegte jedoch in Vertretung des toten Königs über Wallenstein. Als Nachfolger gelang es dem schwedischen Reichskanzler Axel Baron von Oxenstierna (Fanö 1583 – Stockholm 1654), die evangelischen Reichsstädte im Heilbronner Bund zu vereinen. Bernhard von Weimar setzte 1633 die schwedische Siegesserie fort, indem er Franken und die Oberpfalz besetzte. Wallenstein hielt sich dagegen in Schlesien auf und dachte nicht daran, Bayern in diesem Falle zu unterstützen. Realitätsfern verpflichtete er dagegen seine Kommandeure am 12. Januar 1634 auf seine Person. Er überwarf sich mit allen – dem Habsburger Hof, Spanien, Bayern –, strebte private Separatfrieden an und wurde schließlich erneut abgesetzt. Sein Versuch, sich mit Schweden zu verbinden,

scheiterte. Wallenstein, Herzog von Friedland, wurde von seinem irischen Oberst Butler am 25. Februar 1634 ermordet. Die Siegesserie der Schweden unter Bernhard von Weimar nahm darauf paradoxerweise ein Ende: Am 6. September 1634 schlug das spanische Hilfskorps gemeinsam mit den Kaiserlichen und Bayern die militärischen Erben von Gustav II. Adolf vernichtend bei Nördlingen.

Der im Anschluss ausgehandelte Frieden von Prag sprach dem Kurfürsten von Sachsen die Lausitz zu und revidierte das Restitutionsedikt so weit, dass kirchliche Güter nunmehr für vierzig Jahre bei den protestantischen Besitzern bleiben durften. Ferner wurde nunmehr die gemeinsame Bekämpfung der Schweden vereinbart, was nicht allgemein befürwortet wurde. Offensichtlich waren zu diesem Zeitpunkt die Kriegskräfte schon derart aufgezehrt, dass ein Ende des Kampfes erstrebenswert schien. Doch der klug berechnete Eintritt Frankreichs in die aktive Kriegsführung in diesem Moment hatte abermals dreizehn unruhige Jahre zur Folge. Schon mit der Allianz des Heilbronner Bundes mit Frankreich am 1. November 1634 begann der Schwedisch-Französische Krieg (1635–1648).

Im Mai 1635 hatte Frankreich Spanien den Krieg erklärt, Richelieu also mit Habsburg gebrochen. Eine französische Heeresstruktur, vergleichbar mit der der seit Langem Krieg führenden Parteien, war jetzt vorhanden. Auch machte der Habsburger Machtzuwachs nach dem Prager Frieden eine Intervention dringend notwendig. Als wichtigster Verbindungsmann zur schwedischen Seite, mit der man ja seit 1632 verbündet war, galt Bernhard von Weimar, der nach der Niederlage von Nördlingen als Land suchender Warlord im Elsass operierte.

In ganz Westeuropa wurde nun gekämpft, 1635 stand in den Niederlanden Spanien gegen Holland und Frankreich. Spanische Truppen drangen bis nahe vor Paris; am Oberrhein nahm Bernhard von Weimar die Schlüsselfestung Breisach 1638 gegen die Bayern ein. 1636 hatten die Schweden unter dem Feldherrn Johann Banér (Djursholm 1596 – Halberstadt 1641) bei Wittstock über das kaiserlich sächsische Heer obsiegt. 1639 gewann Banér die Schlacht bei Chemnitz über Friedrich Wilhelm I. von

Deutschland – von Mecklenburg-Pommern ... westen ...

Brandenburg, der aufseiten des neuen Kaisers Ferdinand III. (1637–1657) stand. Seit 1640 kämpften erstmalig Franzosen und Schweden gemeinsam in Deutschland gegen den Kaiser. Nach dem Tode Banérs 1641 standen sie unter der genialen Heerführung von Lenart Torstenson (1603–1651). Dieser siegte 1642 bei der zweiten Schlacht von Breitenfeld über die Kaiserlichen unter Erzherzog Leopold Wilhelm und Ottavio Piccolomini (Florenz 1599 – Wien 1658). Anschließend zog er sich wieder über Sachsen nach Norden zurück und nahm dort Holstein und Schleswig ein. Derweil fielen die französischen Truppen in Schwaben ein und konnten erst 1643 in der Schlacht von Tuttlingen von einem österreichisch-bayerischen Heer unter Franz Freiherr von Mercy (Longwy 1580 – Alerheim 1645) und Johann von Werth zum Stehen gebracht werden. 1644 kam ein außerordentlich fähiges Führungsduo mit Marschall Henri de la Tour d'Auvergne, Vicomte de Turenne (1611–1675), und Louis II. Duc d'Enghien, Prinz von Condé (1621–1686), zum Einsatz. Sie zwangen die Bayern zum Rückzug und eroberten Worms, Mainz und Siegen.

Torstenson schlug auf dem östlichen Kriegsschauplatz 1645 die kaiserlichen Truppen in Böhmen in der Schlacht von Jankau. Gleichzeitig nutzte der siebenbürgische Fürst Rakoczy die Gunst der Stunde, um Mähren zu besetzen und bis nach Wien vorzudringen. Im Westen lagen sich Bayern und Franzosen noch mehrmals gegenüber: 1645 in Mergetheim und Alerheim bei Nördlingen, wobei bei letzterem Treffen Frankreich als Sieger hervorging. Zu einer erneuten Vereinigung von Schweden und Franzosen kam es 1646, als Gustav Graf von Wrangel (Skokloster 1613 – Rügen 1667) den Oberbefehl übernahm. Erstmalig musste sich Maximilian I. von Bayern von seinem nunmehr vierten Habsburgerkaiser, Ferdinand III., abwenden und einen Friedensvertrag mit diesem vereinigten Heer suchen, den er freilich gleich wieder brechen sollte. Die Folge war ein wüster Vernichtungszug der französisch-schwedischen Allianz unter Wrangel und Turenne. Nach dem Sieg von Zusmarshausen im Mai 1648 rückte Turenne in München ein. Im Osten nahm der schwedische General Königsmark die Kleinseite von Prag ein. Damit schloss sich die Zange der Sieger endgültig. Jetzt war die Möglichkeit geschaffen, nach dreißig Jahren des Krieges Friedensverhandlungen zu paraphieren. Diese waren seit 1645 in Vorbereitung gewesen und wurden kaiserlicherseits von Graf Maximilian von und zu Trauttmansdorff geleitet.

Mit dem Westfälischen Frieden, der zwischen Habsburg und Frankreich in Münster, zwischen dem Reich und Schweden in Osnabrück verhandelt wurde und am 24. Oktober 1648 in Münster im Namen von Ferdinand III., des Knaben Ludwig XIV., also im Sinne von Kardinal Mazarin, und Christina von Schweden unterzeichnet wurde, trat so etwas wie Ruhe in Europa ein. Die Ergebnisse der drei Jahrzehnte dauernden Kriegshandlungen waren wenig erträglich. Schweden erhielt Vorpommern, einige Städte Bistümer und viel Geld; Frankreich vereinnahmte Lothringen und das Elsass, dies jedoch ohne Straßburg, sowie rechtsrheinisch Breisach und Philippsburg und im Süden den Roussillon. Bayern kann nach all dem Einsatz nur die Oberpfalz und endlich eine Kurwürde verbuchen, worum Maximilian von Anfang an gerungen hatte. Freilich wurde die Pfalz mit einer achten Kurwürde getröstet. Als Sieger gingen die nördlichen Niederlande und wieder einmal die Schweiz aus dem Desaster, denn sie waren nun endlich frei von Wien und Spanien. Das Habsburger Weltreich war Vergangenheit geworden. Es war verwüstet.

Natürlich war der Kriegsverlauf für die gesamte Bevölkerung des Reiches nicht ständig in dem Horrorszenarium verlaufen, von dem Johann Jakob Christoffel von Grimmelshausen (1632–1676) im „Abenteuerlichen Simplicissimus" berichtet. Aber Übergriffe von allen Soldatengruppen, auch gegen die eigenen Landsleute, wie sie Jacques Callot mit krasser Drastik in der „Großen Kriegsfolge" 1633 verbildlicht, waren trotz drakonischer Strafmaßnahmen an der Tagesordnung. Eine Schneise der Verwüstung zog sich durch Deutschland – von Mecklenburg-Pommern bis nach dem Elsass und Lothringen im Südwesten. Die Verluste an Bevölkerung und Wirtschaftskraft im hohen Nordosten, in Thüringen und im pfälzisch-württembergischen Raum sind mit fünfzig Prozent zu bewerten. In den übrigen betroffenen Landesteilen Brandenburg, Magdeburg, Hessen, Franken, Bayern und Schwaben sind sie mit dreißig bis fünfzig Prozent anzusetzen. Stets war das Land stärker betroffen als die Städte, denn von hier aus mussten ja die enormen Heere, die zeitweise noch fünf Jahre nach Kriegsende standen, verpflegt werden.

A la fin ces Voleurs infames et perdus, Monstrent bien que le crime (horrible et noire engeance) Et que c'est le Destin des hommes vicieux
Comme fruits malheureux a cet arbre pendus Est luy mesme instrument de honte et de vengeance, D'esprouuer tost ou tard la iustice des Cieux. 11

Voyla les beaux exploits de ces cœurs inhumains L'vn pour auoir de l'or, iauente des supplices, Et tous d'vn mesme accord commettent mechamment
Ils rauagent par tout rien n'echappe a leur mains L'autre a mil forfaicts anime ses complices; Le vol, le rapt, le meurtre, et le violement. 5

Jacques Callot zeigt in seiner „Großen Kriegsfolge" von 1633 die Schrecken des Dreißigjährigen Krieges in aller Drastik, etwa mit den Kupferstichen „Der Galgenbaum" oder „Überfall auf ein Bauerngehöft".

Aus den wenigen tagebuchartigen Quellen einiger schriftkundiger Söldner wissen wir, dass es den gemeinen Soldaten in keiner Weise um Kriegsziele, sondern nur um das persönliche Überleben ging, ebenso der zivilen Bevölkerung. Sie schlossen sich jedem an, der Nahrung, Wein und gelegentlich Sold versprach. Zumal junge Männer aus dem ländlichen Raum schlossen sich den Heeren an, weil dort die Versorgung immer noch am sichersten war. Auch außerdeutsche Kriegsschauplätze, im Veltlin und Savoyen, wurden angenommen, wenn nur der Sold stimmte. Die Mitnahme von Frau und Kindern führte zu riesigen Trossbildungen und weiträumigen Ernährungsschwierigkeiten der ortsansässigen Bevölkerung. Manch einer der soldatischen Chronisten sollte im Krieg 25.000 Kilometer zurücklegen. Den Schlachten und Belagerungen folgte die grausame Verfolgung der Feinde und der gegnerischen Bevölkerungen, wobei kein Heer dem anderen nachstand, auch wenn immer die Gegner als besondere Bestien geschildert werden. In der schwedisch-französischen Phase des Krieges gehörten Plünderungen zur Hauptunterhaltung der Heere, wobei sich nun auch die Bauern mit äußersten Grausamkeiten gegen die Soldaten wehrten. Dennoch zogen viele Söldner, die nichts anderes als den Krieg kannten, nach 1648 den Kriegen nach. Unbeständigkeit war zur Normalität eines halben Kontinents geworden.

Zu den militärisch bedingten Grausamkeiten kamen die sekundären Plagen, wie Hungersnöte, Seuchen, wie die Pest, welche Bevölkerung wie Krieger gleichermaßen bedrohten. In ganz Deutschland lagen dazu Wirtschaft und Handwerk darnieder. Ausnahmen boten nur die beiden Hansestädte Hamburg und Bremen, die großen Gewinner im Kampf. Bayern war geplündert und dennoch erstarkt. Es stand als Wahrer des rechten Glaubens, als Kurmacht und, um die Oberpfalz erweitert, von Österreich und Frankreich umworben da.[3]

Für die Maxlrainer Gebiete und das Mangfalltal bedeutete dieser Krieg unter Herzog und Kurfürst Maximilian drastisch erhöhte Steuerabgaben und Stellung von Soldaten. Auch drangen 1632 schwedische Söldner ein und plünderten, ebenso 1633, was große Verluste an Hab und Gut mit sich brachte. Im gleichen Jahr lagen den ganzen Winter über wallonische Einheiten in Aibling und mussten ernährt werden. 1634 zogen spanische Truppen den Inn entlang und brachten die Pest mit sich. Und 1648, als Kurfürst Maximilian wieder zur kaiserlichen Partei übergewechselt war, floh die Münchener Bevölkerung vor den angreifenden Schweden und Franzosen wie die Heuschrecken nach Osten ins Aiblinger Land. Die nachfolgenden Feinde verwüsteten das Land.

Nahe von Maxlrain zeugt die Wallfahrtskirche der Heiligen Dreifaltigkeit von dieser kriegerischen Epoche. Bereits im 16. Jahrhundert hatte dort, nahe Högling, unter zwei mächtigen Linden ein heiliger Ort mit einer Martersäule und drei Gräbern bestanden. Nachdem in dieser Gegend 1632 die wundersame Errettung der Höglinger stattgefunden hatte – ein plötzlicher Nebelfall ließ die schwedischen Landsknechte irrlaufen und nach Aibling kommen, wo sie entsetzliches Unheil anrichteten –, lobten die Bauern einen Kapellenbau aus. Aber erst 1643 konnten sie damit beginnen. Bei den Bauarbeiten brach eine Heil bringende Quelle auf, zu der die Kranken zogen, außerdem fand man einen goldenen Ring, nach dessen Form man eine achteckige Kapelle errichtete. 1650 verleibte sich das Augustinerchorherrenstift die Wallfahrt ein und unter Propst Valentin Steyrer wurde 1653 mit dem Bau der heutigen Wallfahrtsbasilika zur Heiligen Dreifaltigkeit begonnen, die 1657 geweiht wurde. Die alte Gnadenkapelle steht noch heute im letzten Joch des flach schließenden Mittelschiffs.[4]

Maximilians I. Nachfolger nach 1651, Ferdinand Maria (1636–1679), ging als Kurfürst des Friedens in die Landesgeschichte ein, er sorgte für Ruhe in seinem Reich und holte Meister des italienischen Barock zuhauf in sein Land. Die Theatinerkirche wuchs empor und bald wurde der Grundstein für Schloss Nymphenburg gelegt. Ganz im Sinne der Gegenreformation entstehen barocke Klöster des Benediktinischen Ordens. Das Opus magnum von Michael Wening, 1701, ein Geschenk der bayerischen Landstände an Kurfürst Max Emanuel (1662–1726), zeigt auf 846 Ansichten diesen baulichen Reichtum des Landes, auch Schloss Maxlrain und die Wallenburg sind vertreten.[5]

---

[1] Forbelský, Josef, Royt, Jan, Horyna, Mojmir: Das Prager Jesuskind. Aventinum, Praha 1992.

[2] Wagner, Nicole: Die Kapelle der Rosenkranzbruderschaft in Tuntenhausen. München 2009 (Dipl. Arbeit TU München, Studiengang Restaurierung, Kunsttechnologie, Konservierungswissenschaft).

[3] Gekürzte und leicht veränderte Fassung von Schneider, Ulrich: Fracas de guerre et peinture silencieuse. In: Sébastien Stoskopff. Ausst. Kat. Straßburg/Aachen, 1997, S. 76-84.

[4] Schönmetzler, Klaus J.: Mangfalltal. Bad Aibling und seine Landschaft. Bad Aibling 2004. Der Abschnitt zum 30-jährigen Krieg dort: S. 35-37.

[5] Reitzenstein, Alexander von: Bayern. Baudenkmäler (=Reclams Kunstführer Deitschland, Bd. 1, Stuttgart 1956, S. 897-898.

GEORG VON MAXLRAIN,
Reichsfreiherr von Waldeck[1]
(1568–1635)

Georg von Maxlrain

Für dies Porträt habe ich nun meine beste Hoftracht angelegt, mein goldbesticktes Wams mit der engen, gegürteten Taille und den abstehenden Schößen, die schwarzen geschlitzten Pluderhosen, die über den Knien gebunden sind, schwarze Beinlinge, die unter den Knien von Hosenbändern zusammengehalten werden. Elegante Schnallenschuhe gehören natürlich dazu und auch die Zierden: die vielfältige Halskrause mit den Spitzen, groß wie ein Mühlstein, die dreifache Goldkette über der Brust, goldene Armbänder mit den Initialen M und W in Edelsteinen[2], goldene Daumenringe, die goldene Hutzier. Ein wenig weibisch wirken die goldenen Spitzen an den Strumpfbändern und die riesigen Schuhschnallen[3], worüber man sich zu meiner Zeit in Druckschriften lustig machte. Aber ich trage ja auch meinen Paradedegen mit dem vergoldeten Gefäß. Außerdem gibt mir mein Reitermantel einen durchaus militärischen Anstrich. Der grüne Seidenvorhang hinter mir ist zurückgeschlagen und unser Wappen mit dem Waldecker Herzschild wird sichtbar, außerdem die Inschrift „GEORG V. MACHSLRAIN / FREIHER ZV WALDEK. / 1626". Mit unbestechlichem Blick schaue ich aus dem Bild, den roten Bart in spanischer Manier, das dunkle Haar ganz kurz geschnitten, ein Mann um die sechzig. Als Vorbild mag dem Münchener Maler das Staatsporträt gedient haben, das Peter Paul Rubens 1609 von Albrecht VII. von Österreich, Herzog von Burgund, Regent der spanischen Niederlande gemalt hat[4], den ich zumindest an Goldschmuck übertrumpfe.

Dabei habe ich mit den Spaniern so gar nichts am Hute, denn mein Leben lang war ich der protestantischen Religion des Dr. Martin Luther treu ergeben. Im Jahre 1585 kam ich auf unsere Ingolstädter Universität, die unsere Herzöge ja nicht in München haben wollten. Nicht zu Unrecht, haben wir es bisweilen doch recht toll getrieben. Auch unser Landesherr Maximilian und

Selbst Strumpfbänder und Schuhschnallen sind mit goldenen Stickereien und Edelsteinen besetzt. (Kat. Nr. 8b)

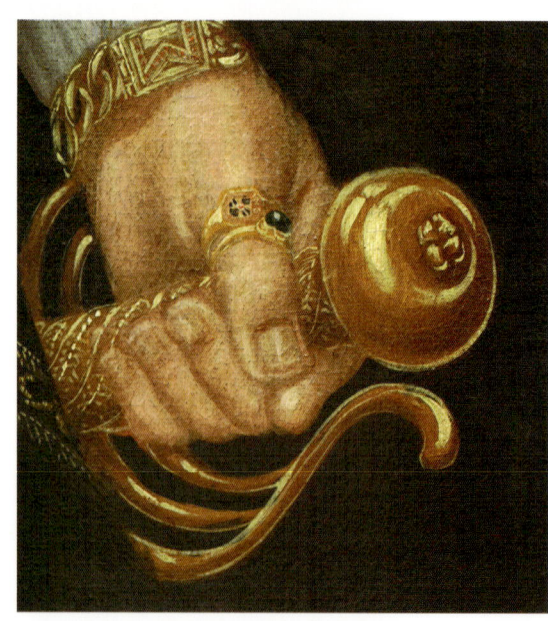

An den Handgelenken trägt er schwere Goldbracelets, auf denen mit Edelsteinen die Buchstaben M und W für Maxlrain und Waldeck angebracht sind. (Kat. Nr. 8b)

Kaiser Ferdinand II. haben dort studiert. Kaiser Rudolf II. übertrug mir 1603 das Lehen der Reichsgrafschaft Waldeck, als mein Bruder Ludwig II. retirierte. Wegen meines Glaubens hatte ich oftmals Ärger mit dem Herzog Maximilian, zum Beispiel 1608. In dem Jahr war meine protestantische Frau, Maria von Degenberg, gestorben und einige meiner Miesbacher waren mit mir zur Beerdigung in ihr heimatliches Regensburg gegangen. Hat aber nichts gebracht, denn der Hofrat hat berichtet, dass sie das freiwillig getan hätten. 1610 heiratete ich noch einmal, nämlich Christina Sidonia, Tochter des Engelbrecht von Auerberg.

Trotz meines Festhaltens an der Augsburgischen Konfession stand ich immer treu zu meinem Herren Maximilian. Als herzoglich bayerischer Rittmeister hielt ich 1632 die Schweden davon ab, ins Waldecker Gebiet vorzudringen. Auch konnte ich nach der schwedischen Einnahme von München dem von dort nach Feldkirchen geflohenen Kommandanten aus einer peinlichen Lage helfen. Bauern und Bürger aus Aibling hatten ihn und seine Leute ausgeraubt und in Ketten gelegt. Ja, sie hatten ihm sogar zwei Briefe des Kurfürsten Herzog Maximilian abgenommen, die sie mir aber zurückgaben. Der hatte den Kommandanten nach Wasserburg befohlen, sollte er München einvernehmlich übergeben haben. Wir haben ihn und seine Leute daraufhin befreit und nach Wasserburg begleitet. Freilich jagten die Schweden meinen Leuten in der folgenden Zeit so viel Angst ein, dass sie nicht mehr zu mir stehen wollten. Vom sicheren Kufstein aus habe ich den kurfürstlichen Räten in Wasserburg Bericht zur Lage erstattet. Als sie Besserung geloben wollten, habe ich ihnen nicht getraut, denn sie hätten mich sicher den Schweden ausgeliefert. Erst als sie mir schriftlich ihre Loyalität zusicherten, bin ich nach der Wallenburg bei Miesbach zurückgekehrt. 1635, bald nach diesen kriegerischen Vorgängen, sollte ich das Zeitliche segnen, ohne einen

Über solch rückwärtsgewandte Barockausstattung machte man sich um 1620 in der modernen Londoner Presse schon lustig, etwa mit der Flugschrift „Haec Vir: or The Womanish-Man".

Offensichtlich wollte Georg von Maxlrain mit seinem Auftritt Herzog Albrecht VII. von Österreich gleichkommen, wie ihn Peter Paul Rubens 1609 dargestellt hatte. (Wien, Kunsthistorisches Museum, Gemäldegalerie, Inv. Nr. 6344)

Erben. Auch blieb unsere Tochter Maria Ludovica unvermählt, sodass mein Neffe Wilhelm die Herrschaft Waldeck übernahm. Weil es schon keine protestantischen Kirchen mehr im Lande gab, wurde ich neben meinem Bruder Ludwig in der Weinbergkapelle über dem Schliersee begraben.

Ein weiteres Porträt zeigt Georg von Maxlrain mit einunddreißig Jahren. Das heutige Brustbild ohne Arme zeigt den Dargestellten in annähernder Lebensgröße, nach rechts gewandt, im Viertelprofil aus dem Bild auf den Betrachter schauend. Georg trägt eine braune, pelzverbrämte Schaube, ein schwarzes Wams mit goldenen Knöpfen und eine weiße Rüschenhalskrause. Um den Hals hat er eine schwere fünffache Goldkette. Das dunkle Haar ist kurz geschnitten, der rote Bart spanisch gestutzt, die hellgrauen Augen mustern den Betrachter interessiert, die lange, gerade Nase ist markant. Ohne Zweifel ist der Dargestellte identisch mit dem ganzfigurig Porträtierten von 1626 (08b), es handelt sich also um Georg von Maxlrain in seinen frühen Dreißigerjahren. Die Inschrift auf der oberen Ergänzungsleiste, die notwendig wurde, um das Gemälde in den aufwendigen Rahmen einzupassen, scheint die Kopie einer Inschrift zu sein, wie sie bei Porträts im 16. und 17. Jahrhundert üblich war: „GEORG V MACHSLRAIN FREIHERR ZV WALLDEK / AETAT:SVAE 31 1595." Sie nimmt eindeutig das Schriftbild um 1600 auf. So steht zu vermuten, dass hier ein ganzfiguriges, lebensgroßes Porträt, das neben dem Haupt Wappen und diese Inschrift trug, im 19. Jahrhundert verkleinert wurde, sei es, weil es beschädigt war, sei es, weil Hängefläche fehlte.

Kurz vorher entstand das wiederum lebensgroße, ganzfigurige Porträt von Georgs Gattin, Maria von Maxlrain, Reichsfreifrau von Waldeck, geborene Freiin von Degenberg. Die Tochter des Regener Stadtrichters Hans VII. von Degenberg zu Schwarzach und Weißenstein hatte mit Magdalena Heymair eine herausragende protestantische Hauslehrerin gehabt, die sich als Dichterin evangelischer Kirchenlieder einen Namen machte.[5] Maria, die seit 1586 mit Georg von Maxlrain verheiratet war, hatte mit ihm eine Tochter, Ludovica, die 1639 unverheiratet starb. Maria war ihr 1608 vorausgegangen.

Nach links gewandt, blickt sie im Viertelprofil nach rechts aus dem Bild den Betrachter an. Auf neutralem hellgrauem Boden steht sie vor dunklem Hintergrund. Links ist ein zurückgeschlagener grüner Seidenvorhang mit goldener Stickerei sichtbar. Maria trägt ein bodenlanges schwarzes Seidengewand mit geschlitzten Ärmeln, das mit rot-goldenen Schleifen gesäumt ist, darunter ein weißes Untergewand mit engen Ärmeln, das rot- und goldbestickt ist. Eine Rüschenhalskrause umfängt ihr Haupt, auf dem sie eine rote Perlenhaube trägt. Ihr dunkles Haar gibt eine hohe Stirn frei. Mehr schematisch sind ihre Züge des runden Antlitzes angedeutet, mit langer, schlanker Nase, geschwungenen, runden Brauen, dunklen wachen Augen und schmalem Mund. Mit der rechten Hand weist sie auf ein Pendant mit einem Lamm an ihrer Halskette, in der linken hält sie ihre Lederhandschuhe. Was der Maler bei der Gestaltung der Physiognomie vermissen lässt, spielt er bei der Schmuckdokumentation wieder ein. Auf dem Obergewand trägt Maria eine lange Halskette aus Perlenringen um ein Andreaskreuz, unten der bereits vermerkte Anhänger mit dem Lamm. Dies offensichtlich in Augsburg gefertigte Schmuckstück mit reichem Edelsteinbesatz gleicht dem Goldenen Vlies, dem höchsten Orden des Reiches, der 1430 von Herzog Philipp dem Guten von Burgund gestiftet wurde. Auch „Ritterorden des güldenen Lämbleins" genannt, war er der Jungfrau Maria gewidmet. Hier könnte ein Bezug zu Maria von Maxlrain stehen.[6] Auf dem Untergewand liegt eine zweite Halskette auf, aus reichen goldenen, emaillierten, mit Perlen und Edelsteinen besetzten

Ein weiteres, offenbar beschnittenes Porträt zeigt Georg 1695 im Alter von 31 Jahren. Mit der ursprünglich ganzfigurigen Darstellung war das Gemälde so groß wie jenes seiner Gattin Maria und war wohl dessen Gegenstück.

Maria von Maxlrain, geb. Freiin von Degenberg, wurde, sehr elegant gewandet, etwas früher dargestellt. (Kat. Nr. 9)

Ætatis Suæ Anno 1593

Maria V Mächslrain Freifraw zv Wall=deck, geborne Freyin zvm Degenberg

Neben ihrem Haupt leuchten ihr Name und das schöne Degenberger Familienwappen auf. (Kat. Nr. 9)

Auffällig ist ihr reicher Schmuck mit dem zentralen großen Herzanhänger, auf dem ihre und ihres Mannes Initialen zu lesen sind. (Kat. Nr. 9)

Gliedern, die in zwei großen Pendants endet, dem oberen mit grünem quadratischem Edelstein, dem unteren als ornamentales Herz, das von zwei sich kreuzenden Pfeilen durchbohrt ist mit ligierter, also ineinander verschränkter Buchstabenfolge: GVMFW / MVMFW, die Abkürzungen ihres und ihres Gatten Namen. Links neben ihrem Haupt steht das degenbergsche Wappen unter zweifacher Helmzier, darauf links der rote König, rechts der rote Zweig und im gevierteltem Schild vor Gold der rote König und vor Blau der rote Zweig. Darunter die Beischrift: „MARIA V MÄCHSLRAIN FREIFRAW ZU WALL= / DECK, GEBORENE FREYIN ZVM DEGENBERG". Dieses repräsentative Gemälde soll sicher auch den Reichtum der Herren von Waldeck dokumentieren.

Georg von Waldeck war offensichtlich auch auf Schloss Maxlrain tätig, hat sich dort in der Eingangshalle doch ein sehr schöner Memorialstein erhalten. Die oberen drei Viertel nimmt eine Rundbogenarchitektur ein, in der unter einem fliegenden Putto nebeneinander die Wappen von Maxlrain/Waldeck und von Degenberg stehen, darunter die Inschrift: „Georg von Mächselrain Freyherr zu Waldeckh / auf Rödern Traubling und Denckhling ec / hat diß Sommerhaus und beyligenden Vischbehalter von grundt auf New er= / bawet. Anno 1606."

Georg und Maria von Maxlrain haben sich auch um den weiteren Ausbau von Maxlrain gekümmert, etwa mit einem Sommerhaus und einem Fischteich, wie eine Memorialtafel mit ihrem Allianzwappen in der Einfahrt von Schloss Maxlrain bezeugt.

---

[1] Zu Georg von Maxlrain: Wiedemann, S. 229–233. - Ausst.-Kat. Wittelsbach und Bayern, Bd. II, 2, Kat. Nr. 423.

[2] Solcher Buchstabenschmuck entstand in England zu Beginn des 17. Jh.s. London, British Museum, Waddesdon Bequest: http://wb.britishmuseum.org/MCN4437#769750001, 10.12.2018 . S. a. Lanllier, Jean: Cinq siècles de joaillierie en occident. Paris 1971, S. 97.

[3] Zur Feminisierung männlicher Gewandung in den 1620er-Jahren s. Currie, Elizabeth (Hrsg.): A Cultural History of Dress and Fashion in Renaissance. London 2017, S. 109–115.

[4] Peter Paul Rubens (1577–1640): Erzherzog Albrecht VII. von Österreich (1559–1621), um 1613–16. Öl/Eichenholz, 105 x 74 cm. Wien, Kunsthistorisches Museum.

[5] Knedlik, Manfred: Heymair, Magdalena. In: Biographisch-Bibliographisches Kirchenlexikon, Bd. 29. Nordhausen 2008, Sp. 659–662.

[6] Eine sehr ähnliche Darstellung des Lamms bei Jan Mostaert, Bildnis des Jan v. Wassenaer, Paris, Louvre, Inv. Nr. M.I. 802. https://commons.wikimedia.org/wiki/File:Mostaert_-_Jan_van_Wassenaer.jpg, 10.12.2018. S. a. Hackenbroch, Yvonne: Enseignes. Renaissance Hat Jewels. Florenz 1996, S. 234, Abb. 232.

WILHELM IV. VON MAXLRAIN,
Reichsfreiherr von Waldeck († 1655) – der Letzte vom Stamme Wolf Dietrichs

Verehrte Leserin, geneigter Leser,

jetzt kommt die Vorstellung des für mich wichtigsten Maxlrainers, die meines Vaters Wilhelm IV. von Maxlrain, Reichsfreiherr von Waldeck:

Da stehe ich fest und stark auf kostbarem Steinboden, fest und gerüstet, mit etwa vierzig Jahren im besten Alter und lebensgroß kunstvoll gemalt. In der Tat trage ich den geschwärzten Dreiviertelharnisch der bayerischen Kürassiere, also der Kavallerie. Obwohl ich noch nicht die kniehohen Stiefel angezogen habe, habe ich doch Radsporen an meine eleganten Schuhe angelegt, so bin ich es eben gewohnt. In der Rechten halte ich den Kommandostab, der mich als Offizier ausweist, und mit der Linken umfasse ich den Griff meines Degens mit dem glänzend polierten Faustbügel, den ich ganz heeresmäßig am diagonalen Brustgurt befestigt habe. Unter dem Harnisch blitzt ein blütenweißes Hemd mit spanischem Kragen hervor und spanisch ist auch mein Bart gestutzt. Ganz wichtig wird das Angericht auf dem grünen Samt des Tisches links von mir: Dort ruhen mein Helm, eine Zischägge, wie sie jetzt Usus sind, sowie meine eisernen Handschuhe. Wenn ich mich mit diesen Insignien wappne, werde ich zum Teil des Heeres, bin nicht mehr Wilhelm von

Sogar am eleganten Schuh trägt er schneidige Radsporen. (Kat. Nr. 6)

Wilhelm IV. von Maxlrain war Hofbeamter und erfolgreicher Soldat. So ist er hier im Kürassierharnisch und mit Kommandostab verbildlicht. (Kat. Nr. 6)

Wilhelm IV. von Maxlrain

> *Maxlrain, sondern ein Teil der Macht unseres Herren, des Herzogs Maximilian von Bayern.[1] Und genau wie er ließ ich mich um 1620 darstellen: Auch unser gestrenger Herr, der keinen persönlichen Aufwand schätzt, trägt häufig den geschwärzten Reiterharnisch und das weiße Hemd, so auf einem Porträt, das gleichzeitig mit meinem entstanden sein dürfte. Auch in Haltung und Mimik will ich ihm gleichkommen.[2]*

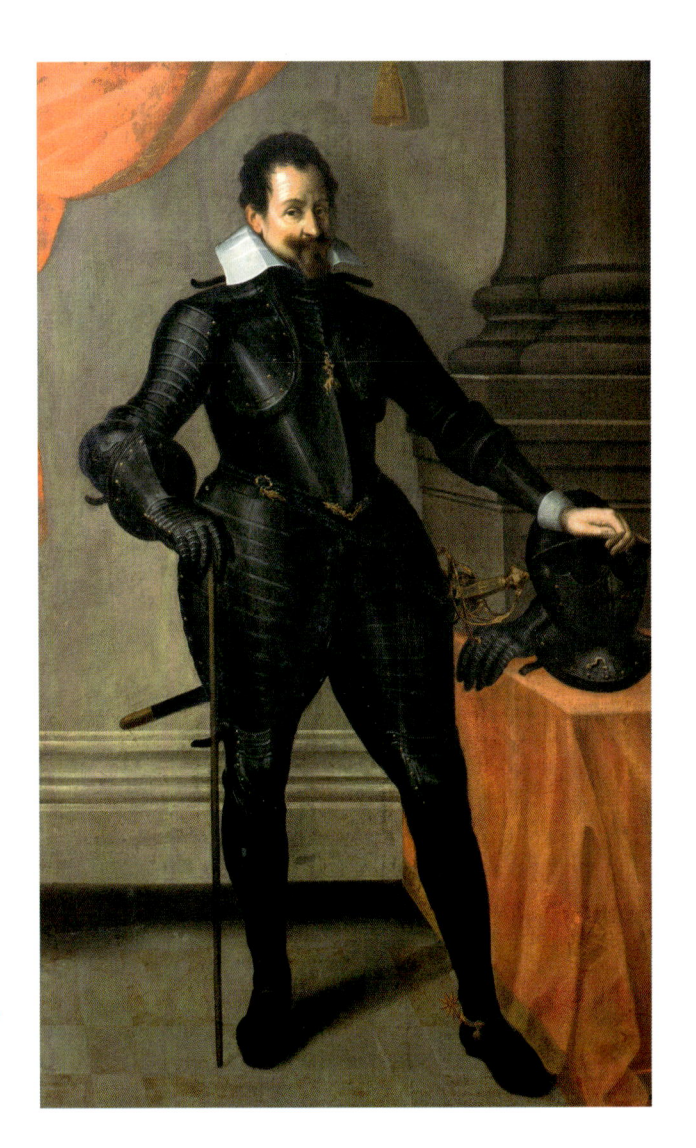

Leuchtendes Vorbild war ihm stets Herzog Maximilian I. von Bayern, der sich ebenfalls häufig im Kürassierharnisch darstellen ließ und dem er hier nacheifert. (München, Bayerische Staatsgemäldesammlungen, Inv. Nr. 3334)

WILHELM IV. VON MAXLRAIN, REICHSFREIHERR VON WALDECK

Wilhelm IV. von Maxlrain

Der grüne Samtvorhang hinter mir ist zurückgeschlagen und entbirgt unser Maxlrainer Wappen, verbunden mit jenem der reichsunmittelbaren Herrschaft Waldeck, die später noch sehr wichtig für mich werden wird. Links, schräg neben meinem Haupte, prangt das Maxlrainer Wappen, darüber ligiert die Initialen WMH für Wilhelm Maxlrain und Hohenwaldeck und das Datum 1620. Darunter meine Losung:

>   ich dragen im [rotes Herz-Jesu
>   mit IHS Monogramm]
>   und haben im sin
>   der liebe Gott fierth mich zu im.

Dies Dokument der Herz-Jesu-Verehrung ist nicht verwunderlich, war sie doch zu einem weithin gepflegten Brauch im katholischen Bayern zur Zeit des Dreißigjährigen Kriegs geworden. Am Hofe Maximilians I. von Wittelsbach wirkte mit Jeremias Drexler SJ (1581–1638) einer der wortmächtigsten Vertreter der Herz-Jesu-Verehrung im Jesuitenorden dreiundzwanzig Jahre als Hofprediger. Seine Schriften wurden bis 1640 in einer Auflage von 170.000 Büchern verlegt und im Volke wurde er wie ein Heiliger verehrt. Er und Wilhelm IV. waren gleichzeitig an der Universität in Ingolstadt eingeschrieben, die ja noch ganz vom Rektorat des Petrus Canisius SJ (1521–1597) geprägt war. Dieser hatte 1549 gerade von Ignatius von Loyola den Auftrag bekommen, als Deutschlands zweiter Apostel nach dem heiligen Bonifaz dort den katholischen Glauben neu zu festigen, als er in der römischen Peterskirche eine Herz-Jesu-Vision hatte.

Jesus befahl ihm, aus seinem Herz zu trinken. Dabei sagte er ihm die Worte „Ecce, ego mitto vos", sandte ihn also seinerseits auf seine Missionsreise. Jeremias Drexler und Wilhelm IV. sind uns am Münchener Hof immer wieder begegnet. Auch Drexler entstammte einer protestantischen Familie, wie letztlich auch Wilhelm, beide hatten ein deutliches Interesse, ihre Treue zum katholischen Glauben zu zeigen.[3] Das Kurzgedicht dürfte allerdings von Wilhelm selbst stammen, gleicht es doch sehr den Zeilen, die er auf der Dankestafel nach seinem kriegerischen Ungarnzug 1605 in der Schlierseer Weinbergkapelle anbrachte:

>   In diesem obbeschriebenen Jar
>   Mein ander Zug in Ungarn war,
>   durch Gottes Gnad der Ehren syn,
>   Reitter Fendrich Ich worden bin.[4]

Wilhelm IV. war wieder ein strenggläubiger Katholik und Verfechter der Herz-Jesu-Verehrung, wie der Wahlspruch neben seinem Haupt zeigt. (Kat. Nr. 6)

Auf dem Tisch hat er den Helm und die Handschuhe stehen, die ihn mit der Investitur vom Privatmann zu Teil des herzoglichen Heeres machen. (Kat. Nr. 6)

WILHELM IV. VON MAXLRAIN, REICHSFREIHERR VON WALDECK

Wilhelm IV. von Maxlrain

An die fünfzig Pfund wiegt so ein Dreiviertelharnisch, und man muss schon ein rechter Mann sein, um sich den ganzen Tag damit im Sattel zu halten. Aber so wurde man erzogen und so habe ich's mein Leben lang gehalten.
Mein Vater, Ludwig II. von Maxlrain, freilich war von schwacher Gesundheit. Er hatte in Italien studieren können, dort auch das Studium abgeschlossen und war Rat und Kämmerer am Hofe von Herzog Wilhelm V. in München sowie Pfleger in Marquartstein. Ein Pfleger ist ein vom Herzog eingesetzter Verwaltungsbeamter aus dem Adel, dem ein Pflegamt untersteht. Ein Pflegamt ist aus mehreren Kirchspielen zusammengesetzt und hat die Größe eines Landkreises. Auch gehören richterliche Aufgaben zum Pflegamt. Verheiratet war er mit Barbara Scholastica Gräfin von Sandizell, auch eine uralte Familie, die bei Schrobenhausen ein schönes Schloss hat. Das Reichslehen Waldeck konnte er erst nach dem Hinschied seines Onkels Wolf Wilhelm 1596 durch die Gnade Kaiser Rudolfs II. übernehmen. Da er seine weitverzweigten Güter nicht mehr verwalten konnte, vermachte er mir, anlässlich meiner Hochzeit mit Maria Christina von Gumppenberg aus Pöttmes, 1603 die Administration seines Besitzes. 1608 wurde er in der Weinbergkapelle von Schliersee bestattet, die auch meine Hauskapelle ist. Regierender Herr von Maxlrain und Waldeck freilich wurde und blieb seit 1603 wiederum durch Gnaden Kaiser Rudolfs II. sein Bruder und mein Onkel Georg von Maxlrain und Waldeck bis zu seinem Tode 1635. Mich hingegen zog es schon bald nach meiner Hochzeit mit Maria Christina von Gumppenberg und nach der Geburt unserer Tochter Maria Susanna wieder zu den Waffen und zum zweiten Male gegen die Türken nach Ungarn. Und wieder bin ich 1605 unbeschadet zurückgekehrt und habe in der Schlierseer Weinbergkapelle als Cornet meinen Schild und meine Standarte in den Chor gehängt und eine Tafel mit dem Gedicht: „In diesem obbeschriebenen Jar Mein ander Zug in Ungarn war, durch Gottes Gnad der Ehren syn, Reitter Fendrich Ich

worden bin." Aber um die Länder meines Vaters habe ich mich doch sehr gekümmert. Und in Miesbach habe ich für mich ein stattliches Pfleghaus errichtet, wo für immer eine Wappentafel angebracht ist: „Ich Wilhelm von Maxlrain Freiherr zu Waldeck hab dieses Haus von Neuen aus dem Grund gebaut. Anno 1611."

Allein, mein Stand verpflichtete mich zum Dienst am Münchener Hofe Maximilians I., unseres mächtigen Herren. So wurde ich 1613 Mundschenk des Herzogs, 1614 Jagdkommissar und 1616 einer der Hofräte. 1628 wurde ich dann zu Oberstjägermeister des Herzogs ernannt, der 1623 die Kurfürstenwürde der Pfalz auf Lebenszeit erhalten hatte. In diesem hohen Amte im Hofrate hatte ich für die Wahrung der landesherrlichen Jagdgerechtigkeiten zu sorgen und Klagen gegen die Adeligen zu führen, die die Jagdordnung nicht eingehalten hatten. Immer wieder musste ich auch als Kämmerer in der unmittelbaren Umgebung des Herzogs und Kurfürsten Dienst tun, was anfangs einen großen Aufwand bedeutete, denn man erhielt keine Besoldung. Aber es war doch eine große Ehre, denn eigentlich zog Maximilian österreichische, italienische und schwäbische Adelige den bayerischen vor. Später bekam man für den Hofdienst eine recht ordentliche Bezahlung, ich zum Beispiel im Jahre 1640 stolze 772 Gulden. Aber damit noch nicht genug. 1620 wurde ich als hohenschwangauischer Pfleger eingesetzt und musste Wohnung im Ostallgäu auf Schloss Schwanstein nehmen. Diesen Dienst, bei dem ich dem Herzog Soldaten und Pferde zu stellen hatte, hatte ich bis 1639 inne, ab 1629 unter dem Bruder des Kurfürsten, Herzog Albrecht VI. Seit 1628 war ich Oberst zu Pferde und musste meinen Herzog oft vertreten. 1637, zwei Jahre nach dem Tode meines Onkels Georg, wurde ich von Kaiser Ferdinand III. mit Waldeck belehnt. Wegen meines soldatischen Einsatzes gegen die Ungarn wurde unser Land zur freien Reichsgrafschaft Hohenwaldeck erhoben und die Maxlrainer zu Reichsgrafen. Damit war ich Mitglied des Reichstages und unabhängig geworden, blieb aber treuer Diener Maximilians, der sich sehr für diese Rangerhöhung eingesetzt hatte. Schließlich sorgte ich dafür, dass die störrischen Miesbacher rund um mein Schloss Wallenburg sich vom protestantischen Glauben abwandten und wieder gute Katholiken wurden, was meinem protestantischen Großonkel Georg sein Leben lang nicht recht gelungen war. Von 1639 bis

Wilhelm IV. von Maxlrain

1641 hatte ich dann die Pflegschaft Wolfratshausen inne und von 1651 bis zu meinem Tode 1655 jene von Neumarkt an der Rott bei Landshut.

All das leistete und erlebte ich in einer Zeit des immerwährenden Krieges, der von 1618 bis 1648 andauern sollte. Unser Bayernland wurde mehrfach von den Schweden bedroht und verwüstet, so wie auch die Truppen Maximilians und der Katholischen Liga viel Verwüstung anrichteten. München entging 1632 nur knapp der Brandschatzung durch Zahlung einer enormen Geldsumme und der Stellung von Geiseln. Am meisten litten die Bauern und die Klöster unter König Gustav II. Adolf und seinen Söldnerhaufen. Auch das Schloss meiner Mutter Barbara Scholastica brannten sie bis auf den Südflügel nieder. Hinzu kamen immer wieder fürchterliche Seuchen, so auch der Schwarze Tod, gegen den ja kein Kraut gewachsen war. Meine liebe Frau Maria Christina, die uns Maria Susanna geschenkt hatte, starb mir schon 1631 weg, ohne dass sich weiterer Nachwuchs eingestellt hatte. Bald darauf schon heiratete ich eine Welsche, Maria Giuliana Crivelli, die sich von Cryvellin nannte. Ihr Vater war einer jener schon genannten italienischen Hofbeamten, der Kämmerer Marx Christoph Crivelli. Sie schenkte mir noch zwei Söhne, Georg Albrecht und Hans Ludwig. Meine Tochter hatte mich kurz nach Maria Christinas Tod verlassen, als sie sich mit Johann Baptist von Gumppenberg verehelichte. Auch Maria Juliana starb schon 1651, und ich bestattete sie neben meiner ersten Frau bei den Münchener Franziskanern, ganz nahe der Residenz. Da ich auch meine beiden Söhne überlebte, verlischt mit mir der von meinem Großvater Wolf Dietrich begründete Wallenburger Zweig der Maxlrainer. Gott schenke ihnen allen eine fröhliche Auferstehung.[5]

Zu meinem Begräbnisort habe ich die dem heiligen Georg gewidmete Weinbergkapelle in Schliersee auserkoren, wo schon mein Vater Ludwig II. von Maxlrain und mein Onkel Georg bestattet liegen.

Als Grabstätte wählte Wilhelm IV., wie schon zuvor sein Vater Ludwig II. von Maxlrain und sein Onkel Georg von Maxlrain, die Weinbergkapelle St. Georg, hoch über dem Schliersee.

Es ist gut vorstellbar, dass auch Wilhelm IV. den Blick über den kleinen Ort Schliersee bis in die Berge sehr schätzte und deswegen hier seine letzte Ruhe finden wollte. Hier sieht man links der Stümpflingsspitze den Spitzingsattel. Das Gebiet der Reichsherrschaft von Waldeck reichte darüber hinaus, die Valepp hinab, bis an die Tiroler Grenze.

Um 1350 von Georg d. Ä. von Waldeck begründet, stammt ihr Chor aus der Zeit um 1500.

Geschildert wird der spannende Moment, in dem der Soldatenheilige zum tödlichen Lanzenstoß ausholt.

1624 stiftete Wilhelm IV. der Kirche einen prachtvollen Hauptaltar, der einen dramatischen Drachenkampf des heiligen Georg zeigt.

In der Kapelle erinnert der Grabstein an Wilhelms Vater Ludwig II. von Maxlrain.

Die Grabplatte meines Vaters ist seit 1781 links vom Hauptaltar in die Wand eingelassen. Ich selbst schenkte der Kirche 1624 einen neuen Hauptaltar: wie es sich für einen Kürassier gehört, mit der Figur eines heiligen Georg zu Pferde im Drachenkampf. Das Licht fällt wunderschön von hinten auf die geschnitzte Szene unter einem kunstvollen Baldachin, sodass man den Eindruck hat, es fände ein himmlischer Drachenkampf statt. Für die Skulptur des Miesbacher Bildschnitzers Stephan Zinck habe ich viel Lob bekommen und viel später sollten einige behaupten, Egid Quirin Asam hätte sie zum Vorbild für den Altar von Kloster Weltenburg genommen. 1628 habe ich der Kapelle noch einen weiteren Altar gestiftet. Da ich als Pfleger und als Landesherr auch Strafgerichte sprechen muss, habe ich ihn dem heiligen Leonhard weihen lassen. In einem schön geschwungenen Gehäus steht der Patron der Gefangenen mit der Gerichtsfessel in der Hand, links Johannes der Täufer, rechts Katharina und darüber Gottvater mit der Taube des Heiligen Geistes. In dieser schönen Umgebung wurde ich 1655 nach einem langen Leben bestattet.[6]

Auch hier zeugen das Maxlrainer und das gumppenbergsche Wappen von den frommen Stiftern.

1628 spendete er einen zweiten Altar zu Ehren des heiligen Leonhard, des Patrons der Gefangenen und der Pferde. Das macht für einen Kavalleristen, wie Wilhelm IV. einer war, durchaus Sinn.
Begleitet wird der heilige Leonhard von den eleganten Statuen des heiligen Johannes Baptista und der heiligen Katharina von Alexandrien.

Die Schlierseer Weinbergkapelle, die dem heiligen Georg geweiht ist, zählt in der Tat zu den Schmuckstücken des bayerischen Oberlandes. Hoch über dem See, auf einem Hügel, an dem heute tatsächlich wieder etwas Wein angebaut wird, steht das kleine gelb leuchtende Kirchlein. Der einschiffige Bau war nach der Überlieferung eine Gründung von Georg dem Älteren von Waldeck († 1380), der Grundherr am Schliersee war. Der Chor mit dem Rippengewölbe ist um 1500 entstanden, das Langhaus dürfte älter sein. Eine Nachricht von 1838/54 [sic] spricht von heute verlorenen Fresken an dessen Nordwand, die Ritter Georg von Waldeck († 1456) zum Dank für die Errettung aus türkischer Gefangenschaft gestiftet hat. Dargestellt waren Sankt Sixtus, der Patron von Schliersee, sowie Sankt Leonhard, Patron der Gefangenen, und die heilige Katharina.[7] Ein herrlicher Blick über die Berge, den See und das Örtchen dürften auch Wilhelm überzeugt haben, hier die letzte Ruhestätte zu suchen. Dass in der Mitte des 17. Jahrhunderts durchaus ein Sinn für den „locus amoenus", den lieblichen Ort, herrschte, zeigen die Reiseberichte des Augsburger Arztes Leonhard Rauwolf (1535–1590).[8]

Die beiden von Wilhelm IV. von Maxlrain gestifteten Altäre sind der näheren Betrachtung durchaus wert. Der Hauptaltar von 1624 gehört mit seinem dramatischen Drachenkampf, trotz aller naiven Elemente, zu den schönsten Beispielen des oberbayerischen Frühbarock und sollte nicht ohne Wirkung bleiben, etwa auf den Georgsaltar von Sankt Georg in Auerberg bei Schongau aus dem dritten Viertel des 17. Jahrhunderts.[9] Auch wenn der Miesbacher Bildschnitzer Stephan Zinck nicht weiter auftritt, ist doch klar, dass hier ein Meister seines Fachs am Werke war. Auf der gotischen Altarmensa erhebt sich die Predella mit einer manieristischen volkreichen Kreuztragungsszene um 1570, die vom Vorgängeraltar stammen dürfte. Auf wappengeschmückten Postamenten baut eine Arkadenarchitektur mit weinblattgeschmückten, vergoldeten Säulen auf, korinthische Kapitelle tragen einen gedrückten Rundbogen mit hängenden Zapfen und einem gesprengten Giebel, an dem ein Putto und zwei silberne Vasen das aufgehende Sonnenkreuz mit dem Christusmonogramm begleiten. Ganz in Schwarz und Gold gehalten und glänzend restauriert, lebt die Architektur durch die Durchleuchtung mittels der drei Chorfenster und ist nobler Standort für die beiden Stifterwappen, links Maxlrain, rechts Gumppenberg. In diesem würdigen Rahmen spielt sich der Drachenkampf von links nach rechts auf einer Erdplinthe ab. Die legendäre Bestie mit gedrungenem Körper und peitschendem Schwanz hat den Kopf nach hinten gerissen und ist dabei, sich in die rechte Vorderhand des aufsteigenden Georgspferdes, eines Fuchses, zu verbeißen. Wuchtig holt der mutige Reiter in römischer Silberrüstung, goldener Chlamys und goldverziertem Helm mit seiner Lanze aus, die er gleich in den Hals des Tieres rammen wird. Vor

Eine schöne Erinnerung an Wilhelms Eltern bietet auch das kunstvolle Kruzifix von 1608 auf dem Hauptaltar mit den Initialen und den Familienwappen von Ludwig von Maxlrain und seiner Gattin Barbara Scholastica von Sandizell.

dem lichtreichen Hintergrund entsteht eine mystische Szenerie, deren Bildhauerqualität noch durch Naturalien wie Lederzaumzeug und Bronzesteigbügel gesteigert wird.

Der zweite Altar erhebt sich auf einem Steinaltar an der linken Kirchenwand vor dem Triumphbogen. Die Predella trägt mittig die Stifterinschrift auf Wilhelm IV. von Maxlrain von 1628 und die Stifterwappen, links Maxlrain, rechts Gumppenberg. Darauf ruht eine Arkadenarchitektur. Hier steht mittig unter vergoldetem Rundbogen, flankiert von marmorierten Säulen, der heilige Leonhard von Limoges, am Attribut der Handschellen zu erkennen. In Altbayern wird er neben seiner Fürsorge für Gefangene auch als Patron der Pferde bis heute mit Reiterprozessionen geehrt, womit der Nexus zu Wilhelm als Kavallerieoffizier geschlossen ist. Wie häufig, trägt der Eremit Leonhard eine Mönchskutte und die Tonsur. Rechts von ihm, in einer rückseitig offenen Arkade, steht als elegante Gewandfigur die heilige Katharina von Alexandrien, erkennbar an dem zerbrochenen Rad, links, nicht weniger elegant, mit Lamm, Kreuzstab und härenem Gewand, der heilige Johannes der Täufer. Im elaborierten gesprengten Giebel erscheint als Halbfigur Gottvater mit der Weltkugel und darüber das Kreuz mit dem Dreifaltigkeitssymbol. Auch dieser hervorragend restaurierte Altar kann zu den respektablen Beispielen des oberbayerischen Frühbarock gezählt werden. Das System der Durchleuchtung durch fehlende Rückwände der Altarschreine mögen die Künstler in Sankt Ulrich und Afra in Augsburg erkannt haben, wo Hans Degler (1564–1635) von 1604 bis 1607 drei riesige Altäre im und am Chor geschaffen hat. Mit ähnlicher Konsequenz wird dieses System der Durchleuchtung beim Altar in der fürstbischöflichen Hauskapelle in Freising angewandt, der 1620 entstanden ist. Hier erscheint unter einem offenen Rundbogen vor einem Fenster eine Verkündigung Mariens von Philipp Dirr (Weilheim 1582 – Freising 1633) wie eine Vision, darüber im Giebel des Altars in einem von hinten durchleuchteten Oval Gottvater als Halbfigur. Wilhelm IV. von Maxlrain kannte diesen Altar mit Sicherheit und kann Stephan Zinck darauf aufmerksam gemacht haben.[10]

Degler war der wichtigste Vertreter der „Weilheimer Schule" und wurde vermutlich beim Münchener Hofbildhauer Adam Krumper ausgebildet. 1590 siedelte er nach Weilheim um. Sein Schwager Hans Krumper vermittelte ihm Aufträge vielerorts in Oberbayern und Oberösterreich, wobei er nur die Figuren lieferte, nicht jedoch die Kistlerarbeit.[11] In der Tat lassen sich bei den Figuren des Leonhardaltares enge Beziehungen zu den Augsburger Altarfiguren Denglers herstellen. So befindet sich dort am Hauptaltar die Skulptur eines Johannes Evangelista, dessen Gewand den gleichen Faltenduktus aufweist wie jenes der Katharina. Ein Engel aus dem rechts stehenden Augsburger Ulrichsaltar zeigt die gleichen Gestaltungsprinzipien im Gesichtsaufbau wie Leonhard und der Täufer mit sehr hoher, gewölbter Stirne, klein gelocktem Haar und Schmollmund.[12] Der Typus der Katharina, mit kleinem Kopf, zugespitztem Gesicht und volumenreichem Gewand im Stil italianisierender Niederländer, taucht zwischen 1605 und 1625 vermehrt in München auf, z. B. bei einer weiblichen Heiligen im Bayerischen Nationalmuseum.[13] So kann durchaus vermutet werden, dass Wilhelm IV. von Maxlrain einen der Münchener oder Weilheimer Bildhauer mit dem Leonhardaltar beauftragt hat, wenn nicht Hans Degler selbst oder einen Meister aus seiner Umgebung, etwa Philipp Dirr.

Die beiden, hier als kulturelles Erbe der Waldecker Maxlrainer verstandenen kunstvollen Altäre stehen als Monumente einer katholischen Bildideologie im Sinne der Gegenreformation des Tridentinums und des heiligen Carlo Borromeo.

Vom Vater Wilhelms IV., Ludwig II. von Maxlrain, Reichsfreiherr von Waldeck (1567–1608),[14] ist in der Schlierseer Weinbergkapelle ein sehr schönes kleines Altarkruzifix von 1608 erhalten, das auf dem Sockel Ludwigs Namen und sein Sterbejahr 1608 sowie das Maxlrainer und Sandizeller Wappen trägt. Da die Schlierseer Gruft 1781 einstürzte, wurden die Gebeine und der Schädel Ludwigs in den Altar verbracht, wo sie noch heute zu sehen sind. Der Text des Grabsteins, der danach an die linke Chorwand versetzt wurde, ist, da sehr abgetreten, schwer zu lesen, aber der Name Ludwig und das Todesjahr 1608 sowie das Maxlrainer Wappen sind gut zu erkennen.

Erst ganz kurz vor der Drucklegung dieses Buches wurde ein Porträt Ludwigs II. von Maxlrain, Reichsfreiherr von Waldeck, entdeckt (Kat. Nr. 05 a). Es zeigt in ovalem Rahmen das Hüftstück eines früh gealterten Mannes, der, nach rechts gewandt, im Viertelprofil aus dem Bild blickt. Gekleidet ist er in eine dunkle Schaube und ein schwarzes Wams, sein Gesicht wird von einer weißen Halskrause gerahmt. Sein rotbrauner Bart ist nach spanischer Manier geschnitten, sein dunkles Haar noch voll. Auf einen schwachen Gesundheitszustand lässt sein blasser Teint schließen, auch ist sein Antlitz von sorgenvollen Falten durchzogen. Um den Hals trägt er eine schwere, mehrreihige Goldkette, die bis auf die Brust reicht, am Ringfinger der rechten Hand einen Edelstein in Rhombenfassung. Über und neben seinem Haupt ist in goldfarbener Schrift eingetragen:

ANO DNI   AETA SVAE   LVDVIG V. MAXLRAIN
16   04   37   H. Z. WALDEK.

Interessant ist, dass Ludwig II. sich hier nicht Reichsfreiherr oder Freiherr von Waldeck nennt, sondern Herr zu Waldeck. Dies mag damit zusammenhängen, dass er im Jahr vorher die Herrschaft über die Reichsherrschaft Waldeck aus gesundheitlichen Gründen an seinen Bruder Georg abgetreten hat.

Erhalten ist, allerdings in schlechtem Zustand, als Gegenstück zu diesem Porträt und augenscheinlich vom selben Künstler, ein Gemälde von Wilhelms Mutter Barbara Scholastica von Maxlrain, Reichsfreifrau von Waldeck, aus der altbayerischen Adelsfamilie der Sandizell, deren Schloss nahe Schrobenhausen nach dem Dreißigjährigen Krieg neu erbaut wurde. In das hochrechteckige Bildfeld ist ein ovales Medaillon eingeschrieben. Die Dargestellte ist als Hüftstück vor neutralem Hintergrund gegeben. Nach links gewandt, blickt sie im Viertelprofil den Betrachter an. Ihr dunkles Gewand schmückt eine breite weiße Halskrause mit Goldstickerei. Um den Hals hat sie eine goldene emaillierte Kette mit Edelsteinbesatz im Kastenschliff und sehr großem Anhänger. In der sichtbaren Rechten hält sie ein Taschentuch. Von dem reichen Porträt ist leider nur noch wenig erkennbar. Umso wichtiger ist die Inschrift über dem Haupt:

ANO DNI   AETA. SVAE   BARBARA F. V. WALDECK
16   04   32   GEBORENE F. V. SANDIZELL

Barbara Scholastica war die Ehefrau von Ludwig II. von Maxlrain, Reichsfreiherr von Waldeck, und Schwiegertochter von Wolf Dietrich. Mit Ludwig II. hatte sie vier Kinder, Wilhelm IV., Jakobaea, Veronica und Wolf Dietrich.

Erst kürzlich wurde das Porträt von Ludwig II. von Maxlrain, Herr zu Waldeck (Kat. Nr. 5a), aufgefunden.

---

[1] Zum Harnisch: Der Kürassier. In: Wittelsbach und Bayern, Bd. II, 2. Um Glauben und Reich. Kurfürst Maximilian I. Ausst. Kat. München, Residenz, 1980, S. 386–387, Kat. Nr. 612–615, 745. Zur Wappnung: Bayer, Andreas: Die Rüstung als Körperbild und Bildkörper. In: Wyss, Beat u. a. (Hrsg.): Den Körper im Blick. Grenzgänge zwischen Kunst, Kultur und Wissenschaft. München 2010, S. 51–64.

[2] München, Bayerische Staatsgemäldesammlungen. Inv. Nr. 3334, s. Ausst.-Kat. Wittelsbach und Bayern, Bd. II, 2, Kat. Nr. 185, 232.

[3] Richtstätter SJ, Karl: Die Herz-Jesu-Verehrung des deutschen Mittelalters. Regensburg 1924, S. 278–361: Nachwirken (1500–1700). Speziell zu Drexler: S. 340.

[4] Obernberg, I. J. von: Geschichte der Kirchen und Ortschaften Westhofen und Schliersee. In: Oberbayerisches Archiv für vaterländische Geschichte, Bd. 2, 1840, S. 281–294, bes. S. 289.

[5] Wiedemann, S. 233–238.

[6] Kratzsch, Klaus: Landkreis Miesbach (Denkmäler in Bayern. Bd. I, 15). München 1984, S. 328–330.

[7] Kratzsch, Klaus: Landkreis Miesbach (Denkmäler in Bayern, Bd. I, 15) München 1984, S. 328–329, hier auch der Hinweis auf den Miesbacher Bildschnitzer Stephan Zinck, über den nichts Näheres bekannt ist, sowie der wiederholte Hinweis auf die Vorbildfunktion für den Weltenburger Asamaltar.

Nun ist es wieder mit jenem von Barbara Scholastica von Maxlrain (Kat. Nr. 5b) vereint.

---

8 Walter, Tilmann: Natur, Religion und Politik. Raumerfahrungen bei dem Arzt und Orientreisenden Leonhard Rauwolf. In: Friedrich, Karin (Hrsg.): Die Erschließung des Raumes. Konstruktion, Imagination und Darstellung von Raum und Grenzen im Barockzeitalter. Wiesbaden 2004, Bd. 2, S. 563–574.

9 Siehe: Bayern. Kunst und Kultur. Ausst.-Kat. München, Stadtmuseum, 1972, S. 132, Abb. 114 u. Kat. Nr. 846.

10 Siehe Laun, Rainer: Studien zur Altarbaukunst in Süddeutschland 1560–1650. München 1982, S. 98, Abb. 74.

11 Schindler, Herbert: Bayerische Bildhauer. Manierismus, Barock, Rokoko im altbayerischen Unterland. München 1985, S. 24–26. – Allgemeines Künstlerlexikon, Bd. 25, München 2000, S. 229–230.

12 Hagen, Bernt v. u. a: Stadt Augsburg (Denkmäler in Bayern, Bd. VII, 83). München 1994, S. 448–457.

13 Siehe Brinckmann, A. E.: Barockskulptur (Handbuch der Kunstwissenschaft). Berlin 1917, S. 183, Abb. 187.

14 Wiedemann, S. 227–229.

MARIA SUSANNA VON MAXLRAIN,
Reichsfreiin von Waldeck (1603/4–1671)

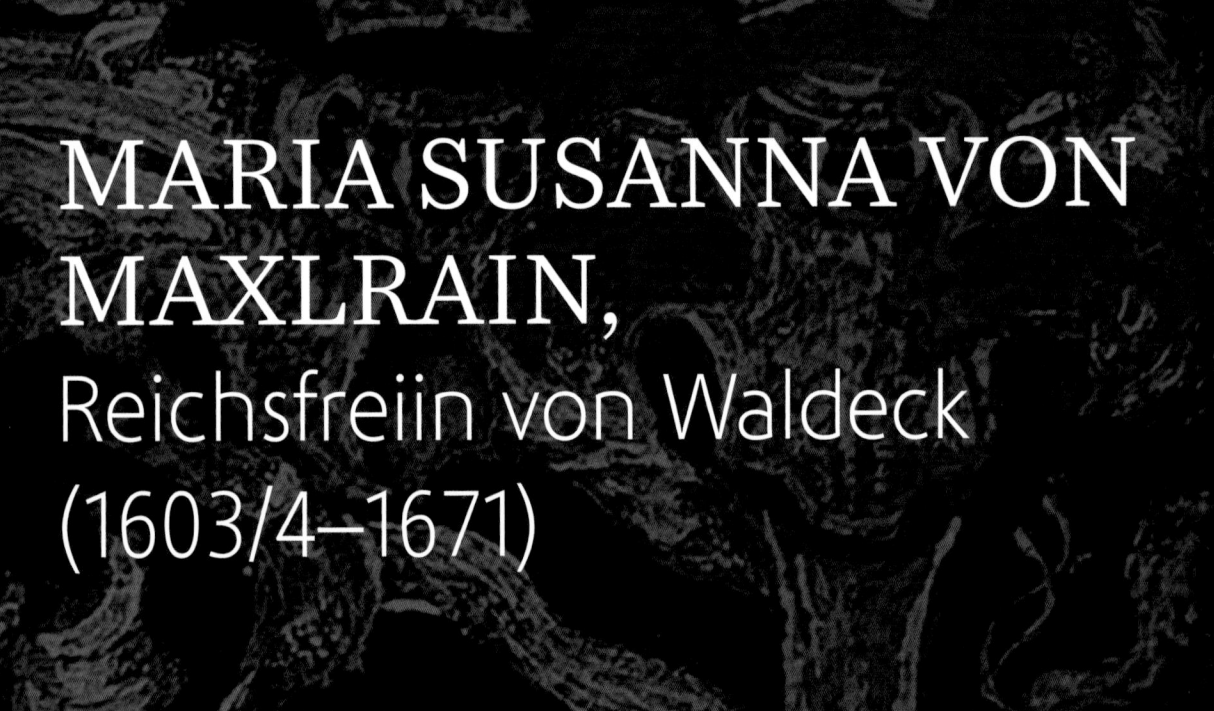

Maria Susanna von Maxlrain (Kat. Nr. 7)
Das Bildnis von Maria Susanna mit eindrucksvollem
Gewand entstand 1621 anlässlich ihres sechzehnten
Geburtstags. Sicherlich sollte es werbenden Charakter
für die Anbahnung einer Ehe haben. (Kat. Nr. 7)

Æ:SVÆ:XVI
ANNO.MDCXXI.

Verehrte Leserin, geneigter Leser,

wenn es Ihnen recht ist, darf ich nun ein wenig über mich selbst erzählen und über mein Porträt, das Sie ja zu Beginn schon gesehen haben. Da stehe ich nun vor Ihnen, und Sie sehen am Wappen auf den ersten Blick, wer ich bin: ein edles Fräulein aus der Familie derer von Maxlrain, Freiherren von Waldeck. Die Abkürzung AE.:SVAE:XVI bedeutet: in ihrem sechzehnten Lebensjahr. Und ANNO MDCXXI: im Jahre 1621.[1] Da mein Vater Wilhelm IV., der ja eben von sich erzählt hat, 1603 Maria Christina Freiin von Gumppenberg, Tochter des Freiherren Albrecht von Gumppenberg und der Freiin Margaretha von Preysing, geheiratet hat, bin ich schon bald darauf zur Welt gekommen.

Und so blicke ich, eben im heiratsfähigen Alter, recht selbstbewusst aus dem Bilde. Natürlich strahle ich unter meinem kunstvoll frisierten roten Haar in feiner Blässe, nicht braun verbrannt wie unsere Mägde und Bäuerinnen auf der Wallenburg bei Miesbach, wo ich wohne, wenn wir nicht, wie so oft, in unserem Münchener Haus weilen. Vater hat dort häufig am Hofe unseres Herren Herzog Maximilian zu tun. Recht höfisch ist auch mein vornehmes Gewand geraten, das Mutter nach dem Vorbild des Brautkleides der elegantesten Dame am Hofe, Maximilians Schwester Magdalena, hat schneidern lassen. Der Hofmaler Peter Candid hat Herzogin Magdalena 1613 in aller Pracht anlässlich ihrer Hochzeit mit Herzog Wolfgang Wilhelm von Neuburg gemalt.[2]

Wie sie trage ich ein enges Mieder, das in einem Schößchen in den Rock übergeht. Die breiten Schultern werden durch die Hängeärmel aus purpurfarbenem Samt betont. Die langen Unterärmel bestehen aus silbernem Brokat mit rotem Muster und gesteppten Stulpen. Höhepunkt meines Auftritts aber ist die weiße Spitzenhalskrause mit den schwarzen Bändern. Ein Diamantendiadem wie die Herzogin besitze ich leider nicht, dafür trage ich eines aus Samt mit weißer Feder und, wieder ganz wie die Herzogin, schwarze Samtschleifen mit Perlen neben den Ohren. Dass ich aus einer reichen Familie stamme, zeigt mein Schmuck, die Halskette aus Perlen und Edelsteinen, die vielen Silberketten am Mieder und natürlich der Pendant mit dem linkssprinngenden Einhorn und den Edelsteinen, der ins Haar gesteckt ist. Es dürfte von einem Augsburger Goldschmied stammen.

Natürlich hat dieses Emblem eine Bedeutung, die jeder unseres Standes sofort versteht: Das Fabeltier betont meine Schönheit, Vornehmheit, meinen Edelmut und ist Zeichen meiner Jungfräulichkeit. Zum Lob dieser Tugenden hat es ein Vorfahr um 1580 bei einem Augsburger oder Münchener Goldschmied bestellt.[3] Und auch die Haltung meiner linken Hand mit dem abgespreizten Ring- und kleinen Finger zuseiten der eng verbundenen Mittel- und Ringfinger gibt ein Signal: „Conscienter affirmo!", also „Voller Überzeugung bekräftige ich!", so lautet eben mein Motto. Und wer's nicht glaubt, der kann in dem Buch von John Bulwer „Chirologia: or the naturall language of the hand" nachschauen, das 1644 in London erschienen ist.[4]

Sie merken vielleicht, dass ich gebildet bin, obwohl ich nicht wie die jungen Herren auf die Lateinschule oder die Universität in Ingolstadt gehen konnte. Aber

Vorbild waren fürstliche Darstellungen wie Peter Candids Porträt von Herzogin Magdalena von Bayern, das 1613 anlässlich ihrer Hochzeit mit Herzog Wolfgang Wilhelm von Neuburg entstanden ist. (München, Bayerische Staatsgemäldesammlungen, Inv. Nr. 2471)

Wunderbar ist der Einhornanhänger gemalt, den Maria Susanna ins Haar gesteckt hat. Die meisten der in Museen erhaltenen Tieranhänger der Zeit um 1600 sind Nachschöpfungen des 19. Jahrhunderts, sodass wir hier ein Original wenigstens dargestellt haben. (Kat. Nr. 7)

Der englische Arzt John Bulwer erklärt 1644 in seiner Chirologia, also Handsprachenlehre, diese Geste, die so viel bedeutet wie „Voller Überzeugung bekräftige ich".

private Lehrer haben mir schon früh das Lesen und Schreiben und auch fremde Sprachen beigebracht. Das ist wichtig, denn Maximilian beschäftigt an seinem Hof in München Herren aus vielen Ländern, zum Beispiel gerne Italiener, die immer sehr charmant sind. Und meine Mutter Maria Christina lehrte mich all die Dinge, die es zu kennen gilt, wenn man wie ich eines Tages einen großen Haushalt führen sollte.

Und damit kommen wir zum Auftrag meines Porträts: Selbstverständlich kann ich nicht irgendeinen jungen Mann, der mir gefällt, heiraten, sondern ich muss standesgemäß vermählt werden. Deshalb malte ein Münchener Künstler mein Abbild, um mich in den entsprechenden Familien vorzustellen. Von dem großen Gemälde wurden Miniaturen und Drucke hergestellt, die man dann ganz einfach versenden konnte. Aber so schnell zeigte diese Werbung keine Wirkung, denn es vergingen zehn Jahre, bis ich in den Stand der Ehe trat. Vermutlich waren die Männer zu sehr mit der Politik und den Kämpfen des großen Krieges beschäftigt, der dreißig Jahre dauern sollte. Und ich wollte mich auch um meine Mutter Maria Christina kümmern, die schließlich schon am 13. Mai

1631 verstarb und die wir in München bei den Franziskanern in unmittelbarer Nähe der Residenz bestatteten. Danach habe ich schon am 20. Juli 1631 meinen Cousin Johann Baptist Freiherr von Gumppenberg zu Pöttmes, Sohn meines Onkels Heinrich Freiherr von Gumppenberg und dessen zweiter Frau Maria Sabina von Diamantstein, geheiratet. Es war zu dieser Zeit nicht ungewöhnlich, solch enge verwandtschaftliche Beziehungen zu pflegen; auch mein Schwiegervater und Onkel Heinrich hatte nach dem Tode seiner Frau 1623 sogleich Jakobaea, die Schwester meines Vaters, geheiratet, sodass meine Tante nun meine Schwiegermutter wurde. Die Hochzeit mit Johann Baptist zu Gumppenberg fand auf meinem väterlichen Schloss, der Wallenburg bei Miesbach, statt und wir bekamen in rascher Folge drei Kinder. 1635 kam Johann Adam Heinrich von Gumppenberg zur Welt, dann Maximilian Wilhelm und schließlich Maria Sabine. Leider starb mein Mann schon 1644 mit nur fünfunddreißig Jahren. Gott schenke ihm eine fröhliche Auferstehung! Ich selbst erlebte als Witwe noch die friedlicheren Jahre bis 1671. Am 16. Februar sollte ich zurückgezogen im Zisterzienserinnenkloster Nieder-Schönenfeld bei Augsburg, zu dem meine Familie von Gumppenberg seit Langem enge Beziehungen unterhielt, versterben und auch dort beerdigt werden.[5] Wenn ich zurückblicke auf mein Leben, das im Jahrhundert von Kriegsgott Mars verstrichen ist, so kann ich es nicht als unglücklich bezeichnen. Ich habe der Familie meines Mannes Johann Baptist zwei Söhne geschenkt und bin auch Großmutter eines Enkels geworden. Und ich durfte im klösterlichen Frieden meinen Lebensabend verbringen, wofür ich meinem Herrgott danke.

---

[1] Adel in Bayern. Ritter, Grafen, Industriebarone. Ausst.-Kat. Burg Hohenaschau, Augsburg 2008, S. 87–91, Kat. Nr. 2.8. Das Wappenbuch von Johann Siebmacher, Nürnberg 1605, zeigt auf fol. 19 dieses Wappen der Herren und Freiherren von MEYCHSLRAIN an. (https://commons.wikimedia.org/wiki/Siebmachers_Wappenbuch, 10.12.18)
Faksimileausgabe: Appuhn, Horst (Hrsg.): Johann Siebmachers Wappenbuch. Die bibliophilen Taschenbücher 538, 2. verb. Aufl., Dortmund 1989.

[2] Wittelsbach und Bayern. Ausst.-Kat. München 1980, Bd. II, 2, S. 141–142, Kat. Nr. 205. – Volk-Knüttel, Brigitte: Peter Candid (um 1548–1628). Gemälde – Zeichnungen – Druckgraphik. Berlin 2010, s. S. 166–168, Kat. Nr. G 37, S. 426–427, Taf. 34 u. 35.

[3] Siehe auch Bott, Gerhard: Ullstein Juwelenbuch. Abendländischer Schmuck von der Antike bis zur Gegenwart. Frankfurt 1972, S. 110, Abb. o. r. sehr ähnlicher Anhänger, Dame auf Hirschkuh, Rijksmuseum, Amsterdam, S. 113 „… vermutlich von dem Hofgoldschmied Giovanni Battista Scolari, München, 2. Hälfte 16. Jh."

[4] Rehm, Ulrich: Stumme Sprache der Bilder. Gestik als Mittel neuzeitlicher Bilderzählung. München 2002, S. 89–99, Abb. 19: Chirogram, Position P.

[5] Gumppenberg, Ludwig Albert von: Geschichte der Familie von Gumppenberg. Würzburg 1856, S. 460–462).

WOLF WILHELM VON MAXLRAIN,

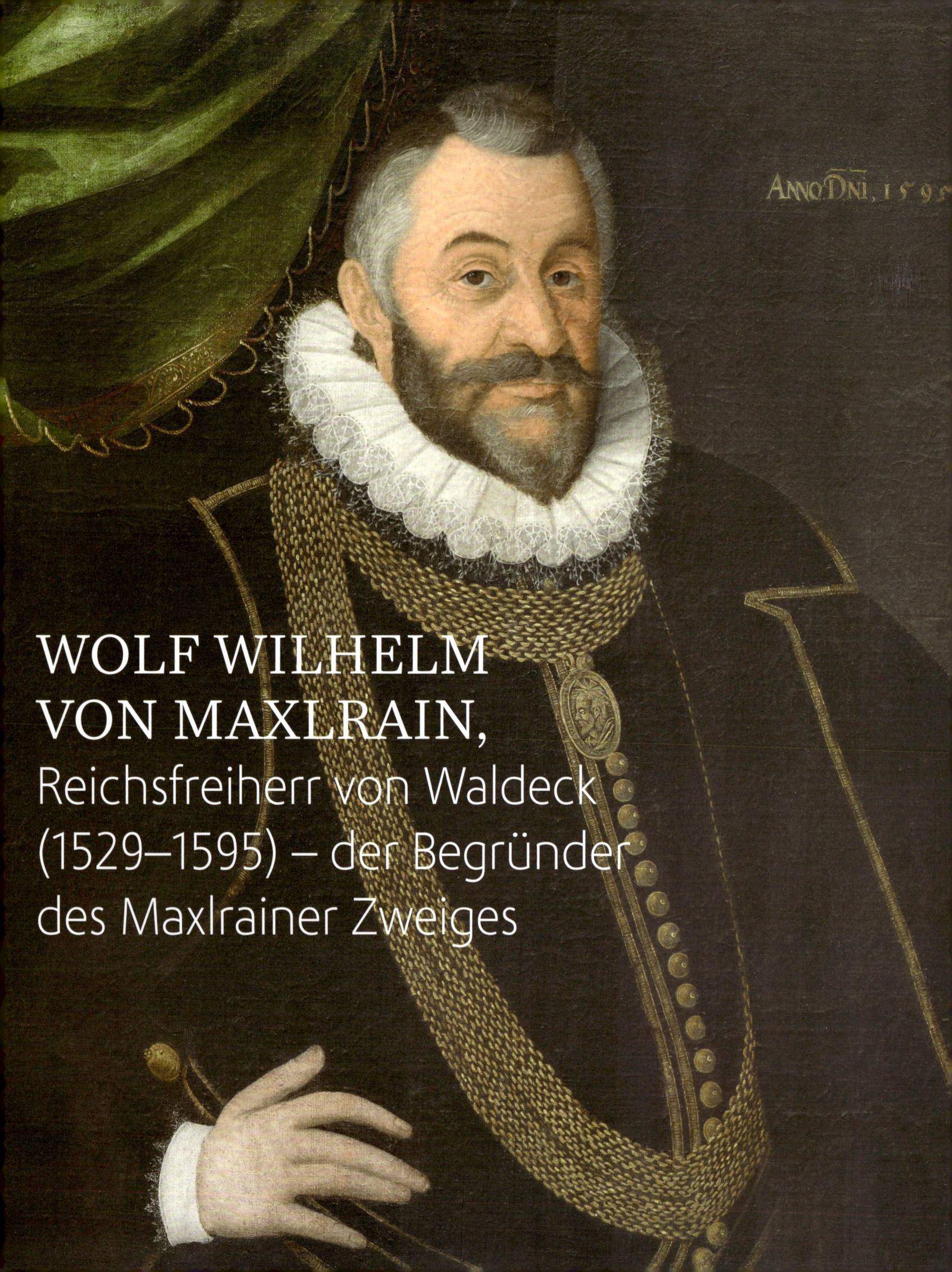

Reichsfreiherr von Waldeck
(1529–1595) – der Begründer
des Maxlrainer Zweiges

Von seiner Treue zum katholischen Glauben zeugt die Salvator-Mundi-Medaille, die er an seiner reichen Goldkette trägt. (Kat. Nr. 10)

Wolf Wilhelm von Maxlrain

„*Sehr edel bin ich dargestellt, ganz in Schwarz, mit etwa fünfundsechzig Jahren. Goldene Borten säumen die schwarze Schaube, desgleichen mein Wams mit dem spitzen Bug, das mit vielen Goldknöpfen geschlossen ist. Ein kostbarer Spitzenkragen rahmt mein Haupt, mit kurzem, leicht ergrautem Haar und dem spanisch geschnittenen Bart. Das Antlitz ist von gesunder Farbe und mein Lächeln strahlt die Überlegenheit aus, über die ich als bewährter Diener meiner Herzöge Albrecht V. und Wilhelm V. verfüge. Von meinem Vermögen zeugt die enorme sechsfache Goldkette, die sich weit vor meinem Leib erstreckt und aus vielen hundert Gliedern zusammengeschmiedet ist und eine große goldene Medaille mit dem Bild von Jesus Christus trägt, dem ich im rechten Glauben immer treu blieb.[1] Ganz wichtig ist auch die Haltung meiner rechten Hand, die unsereiner zu deuten weiß und die auch meine*

Wolf Wilhelm von Maxlrain, Reichsfreiherr von Waldeck, der Begründer des Maxlrainer Zweiges.
Ganz als eleganter Edelmann ließ sich Wolf Wilhelm 1595 darstellen, in Schwarz gewandet, mit fast spanischer Zurückhaltung. (Kat. Nr. 10)
Sein Gesicht zeugt, braun gebrannt, von gesunder Lebensweise, seine Miene weist auf einen hellwachen, humorvollen Menschen hin.

ANNO. DOMINI.
·1·5 9·5·
ÆTATIS. SVÆ.
·5 0·

Sehr streng und elegant dargestellt ist auch Johanna von Maxlrain, geborene Perner zu Guetterrath, die Gattin Wolf Wilhelms: ganz in Schwarz, mit weißem Kragen und feiner weißer Haube. (Kat. Nr. 11)

WOLF WILHELM VON MAXLRAIN,
REICHSFREIHERR VON WALDECK

Großnichte Maria Susanna so zeigt: „Conscienter affirmo", also „Voller Überzeugung bekräftige ich", mag es bedeuten, wenn Mittel- und Ringfinger so eng zusammenliegen. Ein grüner Seidenvorhang mit goldenen Fransen wurde zurückgezogen und gibt das Jahr ANNO DNI. 1595, in dem ich auch versterben werde, frei.

Erzogen wurde ich, 1529 geboren, bei Hof in München und 1541 bezog ich wie alle jungen Herren in Bayern die Ingolstädter Universität. Neben dem Studium generale lag dort der Schwerpunkt auf der Jurisprudenz, was mich für den Hofdienst als herzoglicher Rat prädestinierte. Herzog Albrecht selbst stiftete 1559 die Ehe zwischen seinem „getreuen Diener Wolf Wilhelm dem Maxlrainer" und dem Hoffräulein Johanna von Perner zu Guetterrath, eine wahrhaft gute Partie, die mir nach Eheschluss 1560 auch drei Kinder schenkte: Wolf Veit, meinen Nachfolger auf Maxlrain, Wolf Ferdinand, der in Ingolstadt und Bologna studierte und Pfleger zu Natternberg wurde, und die schöne Jakobaea, später Closen zu Gern auf Mariakirchen, von der ein wunderbares Konterfei entstand.

Auch ich konnte unsere Maxlrainer Liegenschaften erweitern, die ich 1561 nach dem Tod meines Vaters Wolf ererbte und mit denen mich 1562 Moritz von Sandizell, Bischof von Freising, belehnte. So war ich bayerischer Lehensherr von Maxlrain und, ja, seit 1548 durch kaiserliches Recht Reichsfreiherr von Waldeck. Ich diente aber weiterhin Herzog Albrecht V. und er belohnte meine Treue und Festigkeit im Glauben mit ritterlichen Hofdiensten. So entsandte er mich 1568, um die polnische Königin von der Grenze nach München zu geleiten, später ebenso die Braut seines Sohnes Wilhelm V., die Herzogin Renata von Lothringen, wofür er mich fürstlich entlohnte. Lange Jahre fungierte ich als Pfleger von Schärding, 1570 wurde ich Hofmarschall in München und war damit der dritte Mann in der Rangliste des Hofstaates, hatte für

...ein Konterfei könnte die Darstellung
...seph Graf Thurn gewesen sein, die ein
...r Maler um 1570/80 geschaffen hat. In
... Kleidung versucht Wolf Wilhelm diesem
..., den er durchaus auf Schloss Ambras
...rnt haben könnte. (Wien, Kunsthistori-
...eum, Gemäldegalerie, Außenstelle Schloss
...v. Nr. 8015)

den Marstall und das Zeughaus zu sorgen, für die Feste und für die Küche.² Von 1574 bis 1591 diente ich Hauptmann zu Burghausen, wie schon mein Vater Wolf und mein Bruder Wolf Dietrich.

Aber Heimat blieb mir stets das Stammschloss Maxlrain, das leider 1577 mit allen Nebengebäuden abbrannte. Nur die Schlosskapelle blieb mit Gottes Hilfe erhalten. In den Jahren 1582 bis 1585 wurde es neu und schöner denn je wieder errichtet, so wie es heut noch steht. Drei Stockwerk hoch, mit stolzem Dachfirst und vier wehrhaften Ecktürmen, die von Anfang an von Zwiebeldächern gekrönt waren. Innerhalb des Freigrabens befanden sich meine Bauten und Grundstücke, jene des Hauspflegers und drei an Bauer verstiftete Höfe, sowie die Tafern. Außerhalb gehörten mir die Mühlen in Adlfurth und Thürhamm, der Hof zu Linau, zwei Sedlhöfe in Ober- und Niederfischbach, zwei Höfe in Aibling, je einer in Ginsham, Mittergschwendt, Happing, Högling, Jakobsberg und Wiechs. Bis 1580 erwarb ich noch fünfundzwanzig weitere Güter dazu.³ Dies konnte ich nach meinem Tode 1595 meinen Erben und deren Nachfolgern zum Andenken an einen ehrlichen und redlichen Mann überlassen, ebenso eine Brauerei, die ich 1586, nachdem ich dort meinem Bruder Wolf Dietrich nachgefolgt war, bei der Wallenburg von Grund auf erbauen ließ. Bestattet wurde ich in unserer Familiengruft in der Pfarrkirche zu Miesbach, zwischen meinem Vater Wolf und meinem Bruder Wolf Dietrich, der leider bis zu seinem Tode nicht zum rechten Glauben zurückgefunden hatte. Das große Feuer von 1783 brannte auch meinen Grabstein zu Kalk, sodass dies gemalte Bild das einzige Zeugnis meiner Gestalt blieb.⁴

WOLF WILHELM VON MAXLRAIN, REICHSFREIHERR VON WALDECK

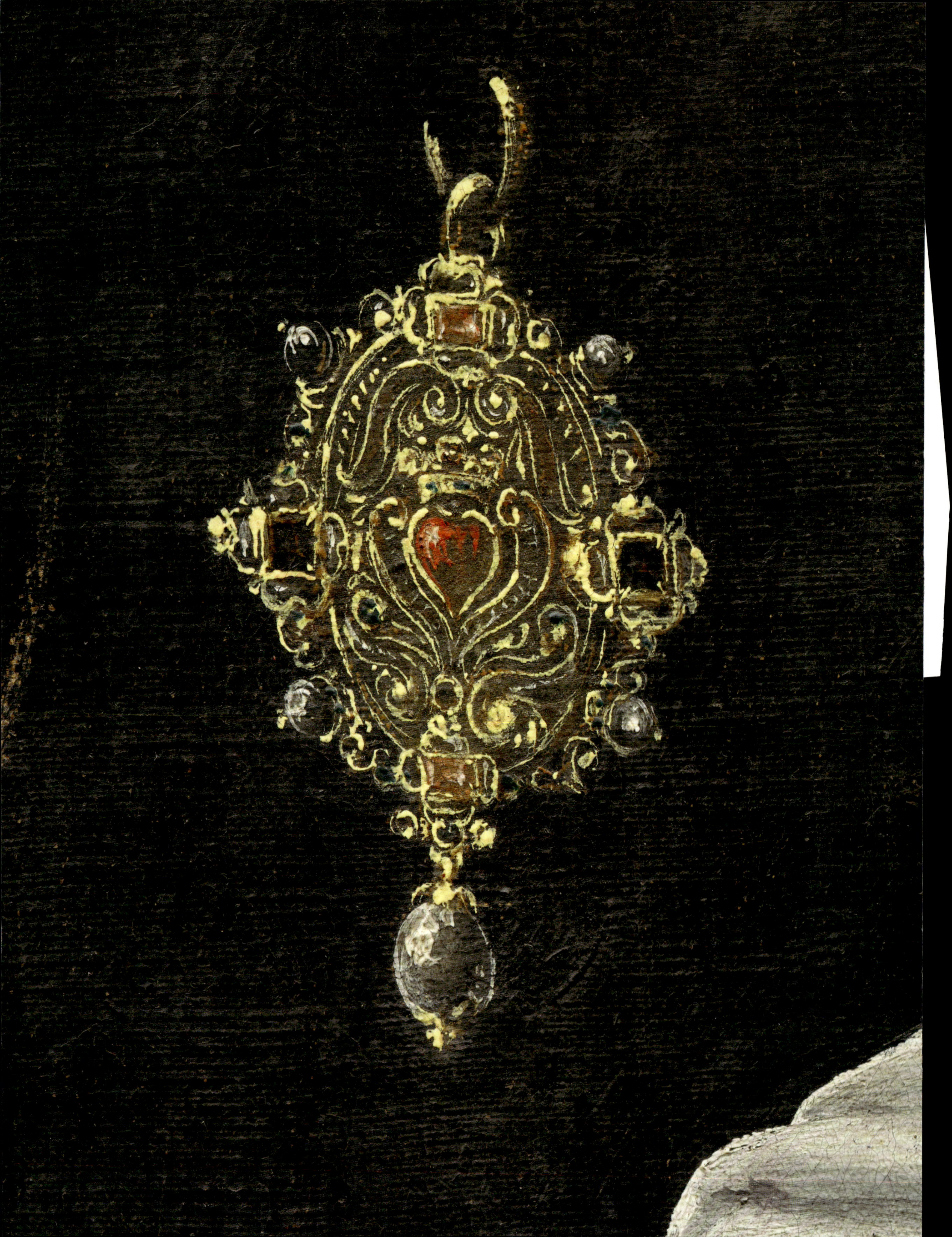

Gleichzeitig mit dem Gemälde Wolf Wilhelms entstand 1595 das Porträt seiner Ehefrau, Johanna von Maxlrain, Reichsfreifrau von Waldeck (1545–1618), geb. Perner zu Guetterrath, das wohl stets rechts neben dem seinen hing. Sie ist ebenfalls als Hüftstück gegeben, nach links gewandt, im Viertelprofil aus dem Bild zum Betrachter schauend, von dem sie durch eine Art Balustrade getrennt ist. Der Hintergrund ist neutral dunkel gehalten, rechts wurde, heute kaum sichtbar, ein Vorhang aufgezogen. Gekleidet ist Johanna in ein schlichtes schwarzes Gewand mit engen Ärmeln, aus denen weiße Manschetten mit Spitzenschmuck ragen. Eine einfache Rüschenkrause rahmt das Haupt, das von einer weißen Haube mit Stirnschleier bekrönt wird. Zu dieser zurückhaltenden Gewandung, die ganz im Zusammenhang mit dem religiös geprägten Münchener Hofzeremoniell Herzog Wilhelms V. und Renata von Lothringen steht, passt auch der zurückhaltende Schmuck, der nur aus einem, freilich kostbaren, vermutlich aus Augsburg stammenden goldenen Anhänger mit einem korallenen Herz Jesu an schwarzer Kordel und einem schmalen Goldring mit Edelstein am Ringfinger der linken Hand besteht. Die Beischrift links über dem Haupt „ANNO DOMINI / 1595 /AETATIS SVAE / 50." bestimmt Johannas Alter, das durchaus realistisch gezeigt wird. Braun und müde sind die Augen unter den gezupften Brauen gegeben, Falten werden nicht verschwiegen. Nasolabialfalten führen zu einem besorgten Mund, das starke Kinn wird von einem Doppelkinn begleitet. Wie auf Repräsentationsgemälden üblich, hält sie in der Rechten ein Paar Handschuhe und in der Linken ein Taschentuch.

Als einzigen Schmuck trägt die fromme Katholikin Johanna von Maxlrain einen kostbaren Herz-Jesu-Anhänger. (Kat. Nr. 11)

[1] Bei dieser Schaumünze handelt es sich nicht um ein Herrscherporträt, sondern um eine Christusdarstellung, wofür schon der Nimbus spricht. Auch wenn die Malerei hier recht flüchtig ausgefallen ist, kann auf die Arbeit von Antonio Abondio geschlossen werden, der um 1587 solch eine silberne Medaille geschaffen hat, die auch vergoldet angeboten wurde. Diese wurde gerahmt getragen. Es ist durchaus vorstellbar, dass die Schrift auf dem gemalten Rahmen die gängigen Christusworte EGO SVM VIA VERITAS ET VITA (Joh. 14, 6) trug. – Attwood Philip: Italian Medals. C. 1530–1600. London 2003, Kat. Nr. 1157. S. a. Kat. Nr. 195–197, 727–730. – Toderi, Giuseppe / Vannel, Fiorenza: Le medaglie italiane del XVI secolo. 3 Bde. Florenz 2000, Kat. Nr. 54, 484, 740, 742, 8192046, 2047. – Haubich, Georg: Die deutschen Schaumünzen des 16. Jahrhunderts. 4 Bde. Berlin 1929–1934, Bd. 4, Taf. CCCXVIII, Nr. 9–10.

[2] Heydenreuter, Reinhard: Der landesherrliche Hofrat unter Herzog und Kurfürst Maximilian I. von Bayern (1598–1651). München 1981, S. 48–49.

[3] Andrelang, Franz: Landgericht Aibling und Reichsgrafschaft Hohenwaldeck (Historischer Atlas von Bayern, Altbayern I, Heft 17). München 1967, S. 206–207.

[4] Wiedemann, S. 76–86.

DAS EPITAPH VON WOLF VEIT I. VON MAXLRAIN,

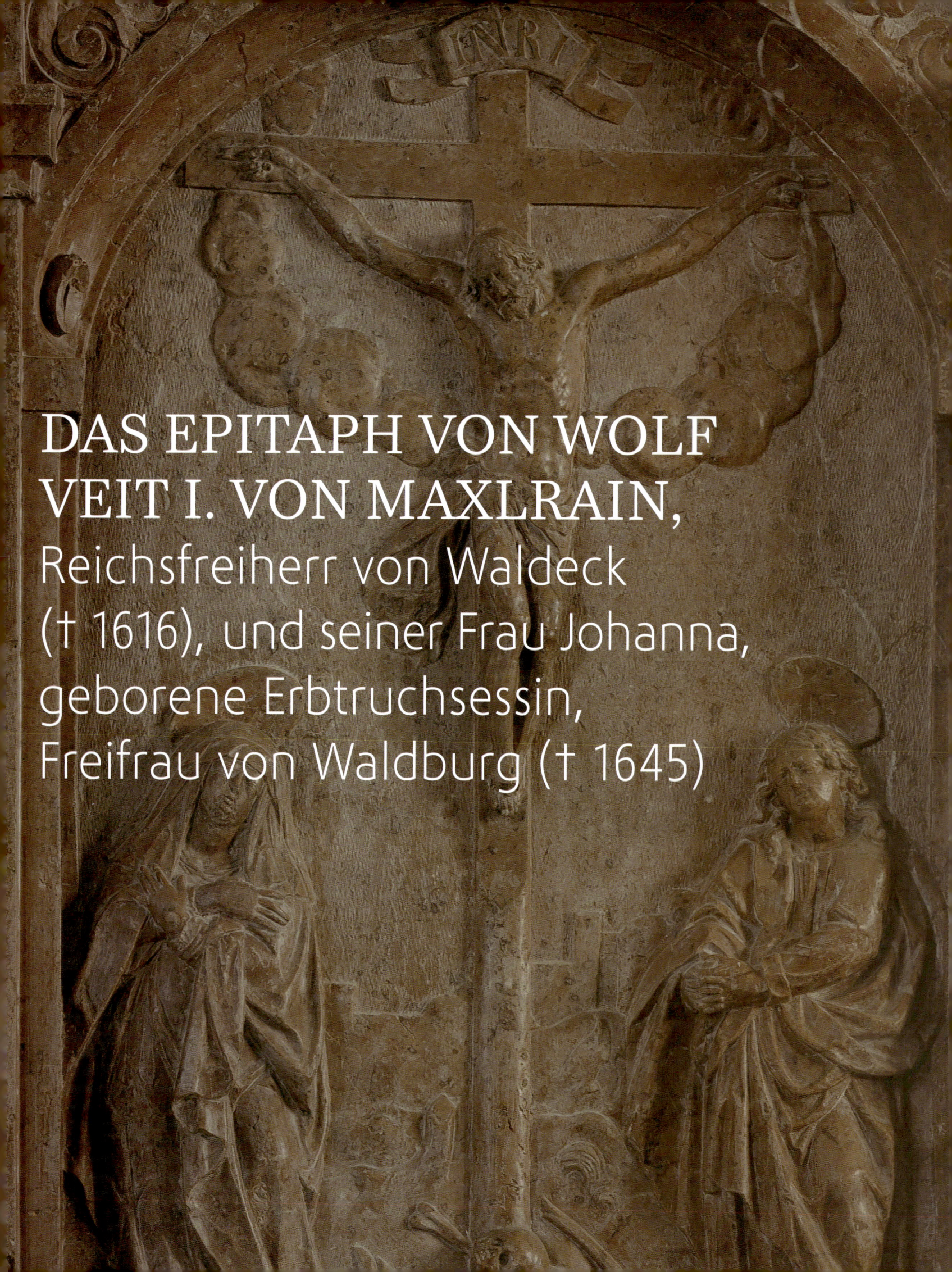

Reichsfreiherr von Waldeck
(† 1616), und seiner Frau Johanna,
geborene Erbtruchsessin,
Freifrau von Waldburg († 1645)

Das prächtige Gedächtnismal Wolf Veits I. und seiner Frau vereint alle Wappen der beiden Familien. Auf die Auferstehung weist das Bild des gekreuzigten Christus mit Maria und Johannes, dem Evangelisten, der die Schuld von den Sündern nimmt. (Kat. Nr. 12) (Beyharting, ehem. Augustinerkloster St. Johannes Baptist)

DAS EPITAPH VON WOLF VEIT I. VON MAXLRAIN, REICHSFREIHERR VON WALDECK

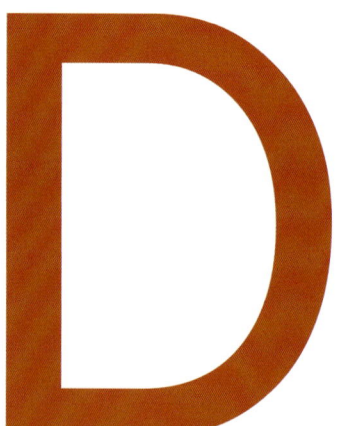

Das prächtige Epitaph aus rotem Marmor im ehemaligen Augustinerkloster St. Johannes Baptist zu Beyharting zeigt zentral die Kreuzigung Christi mit Maria und Johannes Ev. als Assistenzfiguren. Darüber, begleitet von zwei Putti, das Allianzwappen von Maxlrain-Waldeck und Waldburg. Seitlich der Kreuzigung stehen in jeweils fünf Schilden die Ahnenwappen der Eheleute:

> Berner / Zimber
> Froundsberg / Rubelstein
> Risterschidt / Eberstein
> Schroffenstein / Fürstenberg
> Bodmer / Hanau[1]

Im Register unter der Kreuzigung knien links Wolf Veit, der älteste Sohn von Wolf Wilhelm, und seine neun Söhne, die verstorbenen mit Kreuzen, Wolf Jakob, Wolf Georg, Hans Georg (alle † 1601), Max († 1610) und Wolf Wilhelm (gefallen in Ungarn 1621), der Vater, auch mit Kreuz, in Harnisch und den Helm vor sich auf dem Boden. Rechts knien die Mutter und die fünf Töchter. Darunter schließt eine Inschriftenkartusche das Epitaph ab:

> Hie ligt begraben der Wolgeborn Herr Herr
> Wolf Veit von und zu Machhslrain Freyherr zu Waldegg
> Frl Durl Herzog Maximiliansin Bayern gewester Rath Cam
> merer und Pfleger zu Schaerding welcher den 1. December
> 1616 in
> Xsto entschlaffen auch seine geliebte Fr Gemachl fraw Johanna von Machselrain
> Freyfraw zu Waldeckh geborenen Erbtruchsessin Freyfraw zu walburg
> so den 8. Marty 1645[2] in Gott verschieden auch ligen begraben
> Ihrer beeden 6 khünder denen allen der allmechtige gott ein froelich
> aufersteung verleihen welle.
> AMEN[3]

Darunter ist die Familie mit allen Söhnen und Töchtern dargestellt, lebendige wie tote. Ein Gebet erhofft für alle eine „fröhliche Auferstehung". (Kat. Nr. 12)

Dieses Meisterwerk Münchener Bildhauerkunst muss kurz nach 1641 entstanden sein. Vergleichbar ist etwa die Kreuzigung des immer wieder erweiterten Epitaphs der Familie Barth in der Dreikönigskapelle der Münchener Frauenkirche, speziell das Epitaph von Gabriel Barth von Hartmating († 1600). Auch die Familiendarstellung am Epitaph von Georg Barth († 1566) und Margarethe, geb. Schwartzendorfer († 1600), dürfte Vorbildcharakter gehabt haben. Über Jahrzehnte hinweg arbeitete hier eine Münchener Bildhauerwerkstatt auf hohem Niveau.[4]

Johanna von Maxlrain lebte nach dem Tode ihres Mannes, den sie 1592 geheiratet hatte, in ihrem Witwensitz im Maxlrainer Haus zu München, von dem sich allerdings keine Spur erhalten hat. Nach ihrem Tode 1645 wurde sie an der Seite ihres Gatten in Beyharting bestattet.[5]

---

[1] Wiedemann, S. 242
[2] Wiedemann, S. 242, schreibt fälschlich 1641
[3] Ebenda, zitiert mit einigen Korrekturen.
[4] Ramisch, Hans / Steiner, Peter: Die Münchner Frauenkirche. Restaurierung und Rückkehr ihrer Bildwerke. München 1994, S. 88–94, Kat. Nr. 5: Die Barth Epitaphien.
[5] Wiedemann, S. 239.

DIE SCHÖNE MAXLRAINERIN

Jakobaea von Closen zu Gern
(* um 1565)

Wie wichtig die Stellung meines Vaters Wolf Wilhelm bei Hofe ist, zeigt das ausgezeichnete Porträt, das ein Münchener Hofmaler um 1590 von mir gemalt hat. Ich war damals um die fünfundzwanzig Jahre alt und hatte eben, 1589, die Ehe mit Hans Jacob von Closen zu Gern auf Mariakirchen geschlossen, der ebenfalls gemalt wurde. Mein Kleid entspricht in seiner Schlichtheit der strengen Mode am Münchener Hof. Mein Schmuck allerdings gebührt einer Fürstin. Meine Beziehung zum Hof musste ja auch eng sein, hatte doch mein Vater, der bei Hofe erzogen worden war und in Ingolstadt die Jurisprudenz studiert hatte, im Dienste Herzog Albrechts V. gestanden. Erst als herzoglicher Rat, dann als Pfleger zu Schärding, seit 1570 als Hofmarschall und von 1571 bis 1591 Hauptmann in Burghausen. Herzog Albrecht, der meinen Vater als standhaften Katholiken sehr schätzte, hatte 1559 auch die Ehe mit meiner Mutter, dem Hoffräulein Johanna Perner gestiftet. Mit meinem Gatten, der leider schon 1612 verstarb, hatte ich fünf Knaben und fünf Töchter. Später war ich noch mit Heinrich Hanibal von Münchenthal verheiratet, der aber auch schon 1616 dahinging, worauf ich noch Sigmund von Pötting ehelichte.[1]

Als Gegenbild links von Jakobaea entstand das Porträt Jacobs von Closen zu Gern aus der gleichen Hand. Jacob trägt elegante spanische Hoftracht mit der modischen Hose, der sog. spanischen Heerpauke, und der Schamkapsel, wie sie um 1590 gerade noch in Mode war. (Kat. Nr. 14)
Einziger Schmuck sind sein goldener Gürtel und der reiche Griff seines Degens. (Kat. Nr. 14)

Jakobaea von Closen (Kat. Nr. 13a)

Sicherlich einem Münchner Hofmaler ist dies prächtige Porträt Jakobaeas zu verdanken, das vermutlich anlässlich ihrer Eheschließung mit Jacob von Closen zu Gern entstanden ist. Auffällig ist der sehr reiche Schmuck, den sie auf ihrem eigentlich schlichten Gewand trägt. (Kat. Nr. 13a)

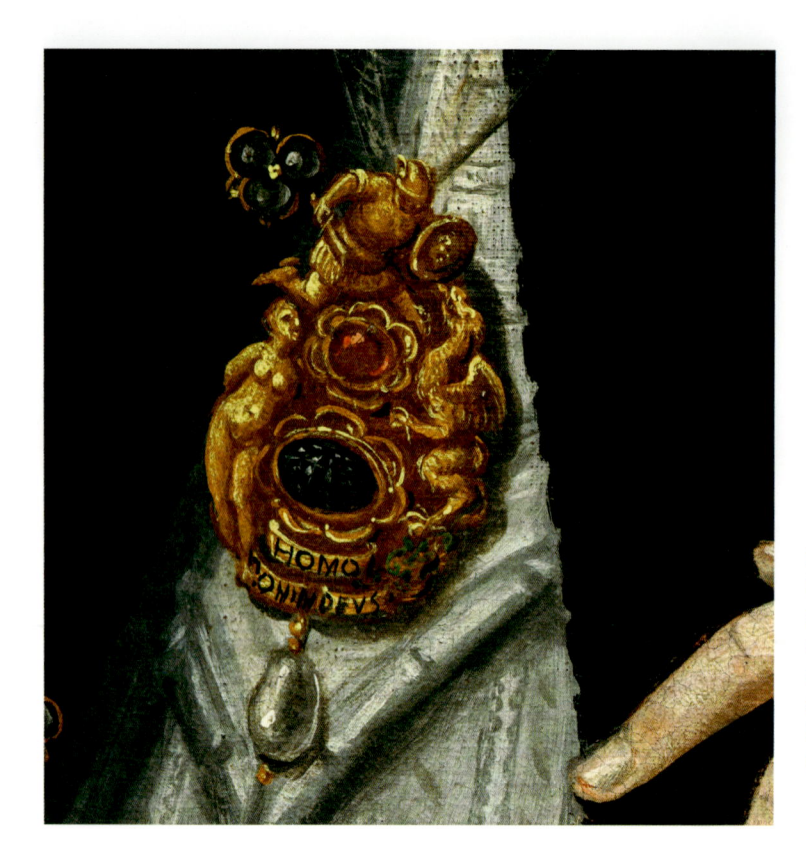

Sicher eine Liebesgabe ihres Mannes ist der prächtige Anhänger mit der Darstellung von Perseus und Andromeda und dem Motto „Der Mensch ist dem Menschen Gott". (Kat. Nr. 13a)

Das annähernd lebensgroße, ganzfigurige Porträt zeigt Jakobaea auf neutralem altrosa Fußboden vor dunklerem Hintergrund und einem prächtigen grünen Seidenvorhang. Unter einem schwarzsamtenen Mantel, der mit goldenen Stickereien und Perlen verziert ist, trägt sie ein weißes, dezent gemustertes Kleid mit engem und geschoßtem Mieder und weitem Glockenrock, der in einer schlichten weißen Borte abgesetzt ist. In der hängenden rechten Hand hält sie das notwendige Taschentuch, die linke hat sie in Richtung ihres Anhängers erhoben, so als wollte sie auf ihn aufmerksam machen. Entspricht das Kleid der strengen Mode am Münchener Hof, so trägt Jakobaea auffallend reichen Schmuck: Um den Hals hat sie eine prächtige, wohl vergoldete Kette mit edelstein- und perlenbesetzten Gliedern, die in zwei ornamentalen Anhängern mit großen Edelsteinen endet. Kann dieses Schmuckstück um 1590 eigentlich nur in Augsburg entstanden sein, so scheint ein zweites Geschmeide aus Italien zu stammen. An einem hauchfeinen Schal trägt sie darunter ein szenisches Kunstwerk, das den gerüsteten Perseus im Kampf mit dem Drachen um die nackte Andromeda zeigt, ein Geschehen, das sich rund um zwei Edelsteine in Rosenfassung abspielt. Die Inschrift darunter, „HOMO HOMINI DEVS", kann eigentlich nur als Liebeserklärung Jakobaeas an ihren Gatten Hans Jacob Closen zu Gern gewertet werden, den sie 1589 geehelicht hatte. Dieser ovale Anhänger verdient besondere Beachtung. In vergoldetem Silber getrieben, zeigt er ein großes plastisches Valeur. Ein ähnliches Schmuckstück trägt Tizians Feldherr, der „Kasseler Kavalier" in der Gemäldegalerie Alte Meister Kassel von 1550, als Hutzier. Dort begleitet ein Puttopaar einen zentralen Edelstein. Die Gestaltungsprinzipien sind die gleichen wie bei Jakobaeas Schmuckstück.[2] Die prächtige Agraffe des Kasseler Edelmannes findet, wie auch der Perseus-Andromeda-Anhänger, eine Entsprechung im Schmuck der sogenannten „Lucretia" Lorenzo Lottos von 1530/32 in der Londoner National Gallery[3]. Zwei Putti mit ähnlichem plastischem Valeur begleiten hier zwei Aquamarine und einen Rubin in Blütenfassung. Vorbild ist auch hier ein Schmuckstück, wie es um 1529 bis 1530 in Venedig entstanden ist. Auch die Ringe, die sie an beiden Händen trägt, sprechen von Reichtum. Ihr Gesicht, das von einer aufwendigen Halskrause mit reichem Spitzenbesatz gerahmt wird, zeugt von ihrer überlegenen Schönheit. Ihr brünettes Haar, wie zu einer Krone geformt, wird von einem Perlenschleier bedeckt, unter der edlen Stirn leuchten hellblaue Augen, der geschminkte Mund strahlt eine Sinnlichkeit aus, während ihre Nase Willensstärke verheißt. Ein sehr selbstbewusstes Bild. Die Qualität der Malerei, die sich an den herzoglichen Porträtgeschenken orientiert, wird ihrer Schönheit durchaus gerecht.[4]

Das zugehörige ganzfigurige, annähernd lebensgroße Herrenporträt zeigt Hans Jacob von Closen zu Gern auf neutralem altrosa Boden vor einem Pilaster mit Säulenfortführung links und einem aufgezogenen grünen Seidenvorhang rechts. Nach rechts, dem Porträt seiner Frau zugewandt, blickt er im

Der Vergleich mit der Hutzier des sog. Kasseler Kavaliers Tizians zeigt, dass der Perseusanhänger um 1530 in Venedig entstanden ist. (Kassel, Gemäldegalerie Alte Meister)

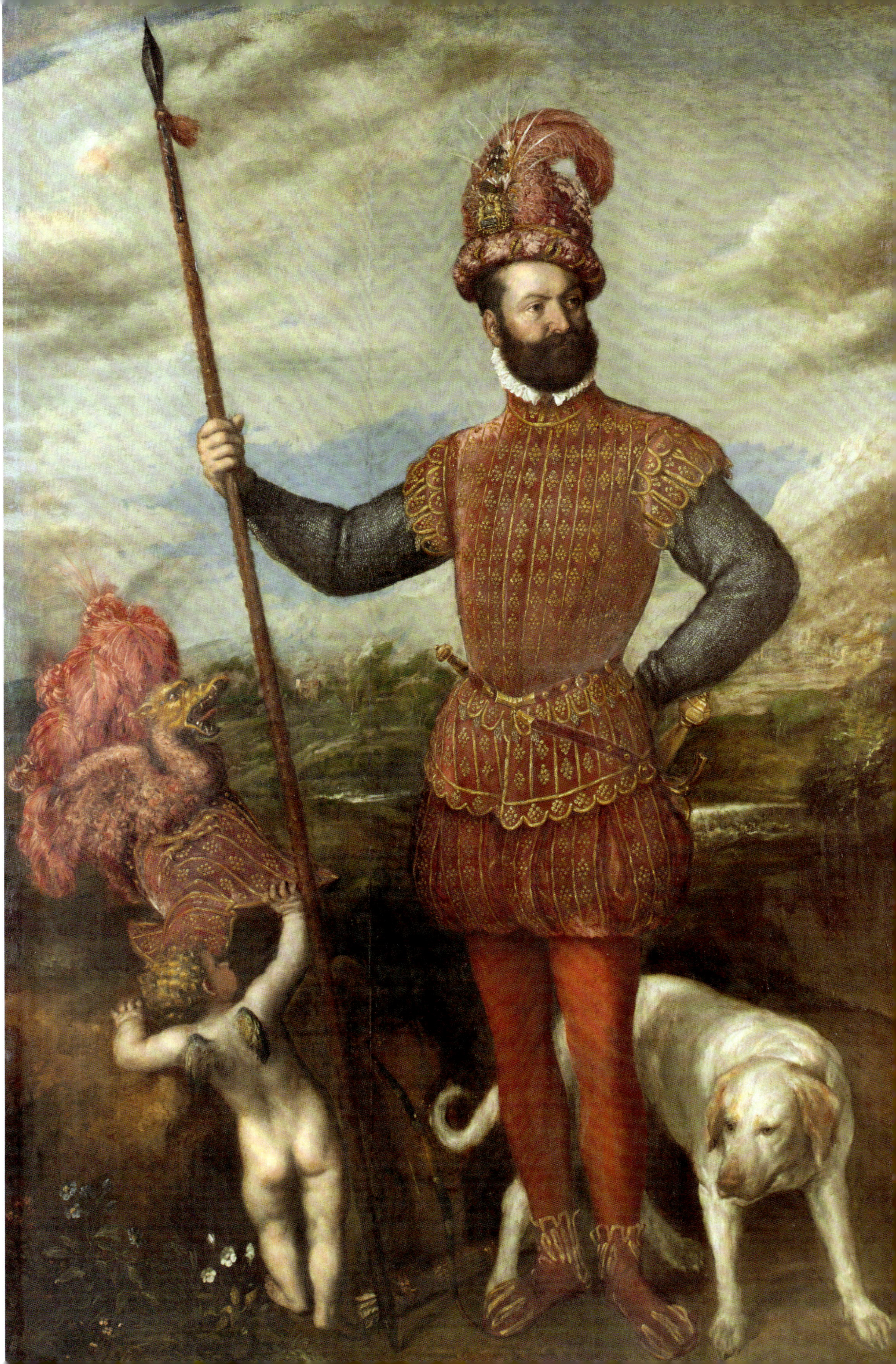

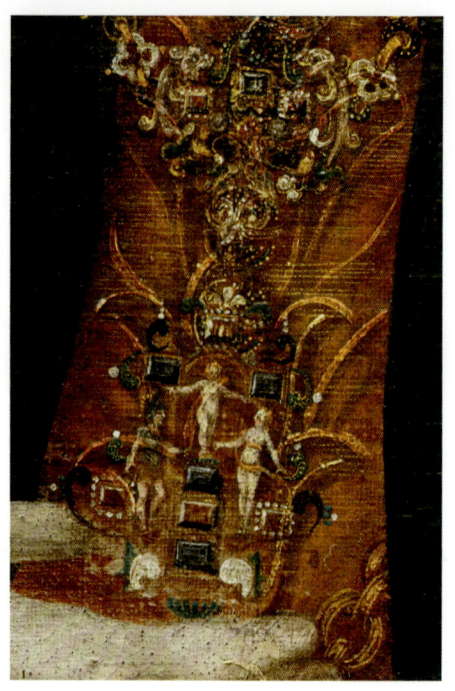

Ein zweites Porträt zeigt Jakobaea fünf Jahre später noch einmal, nicht weniger reich gewandet und nicht weniger schön, aber reifer. (Kat. Nr. 13b)
In Augsburg ist vermutlich ihr reizvoller Schmuck entstanden: oben ein runder Anhänger mit zwei Papageien und vielen Edelsteinen, unten in feinstem Email eine Darstellung von Mars und Venus mit dem Amorknaben. (Kat. Nr. 13b)

Viertelporträt aus dem Bild den Betrachter an. Unter einer zurückgeschlagenen schwarzen Schaube trägt er ein dunkles Wams mit Goldknöpfen am Kiel und ein weißsilbernes, kunstvoll geschlitztes Seidenhemd mit Rüschenmanschetten und einer gerüschten Halskrause aus weißer Spitze. Zur kurzen weißen Pluderhose vom Typus „spanische Heerpauke mit Braguette" trägt er weiße Beinlinge und sehr elegante helle Lederschuhe. Am goldbestickten Gürtel trägt er seinen Säbel, dessen edelsteinbesetztes Gefäß er mit der Linken umfasst. Mit festem Griff hält er in der Rechten seine Handschuhe. Auf dem Haupt hat er ein modisches Hutbarett mit Goldband und einer roten, blauen und goldenen Feder. Sein Antlitz zeigt eine hohe, ebenmäßige Stirn, hellblaue Augen und unter einem gepflegten spanischen Bart einen vollen Mund. Der Teint ist wettergegerbt mit roten Wangen. Ohne Zweifel hat Closen dem gleichen Maler Modell gestanden wie seine Frau bei dem zusammengehörigen Bildnispaar (Kat. Nr. 13a). Wiedemann sah die beiden Gemälde noch auf der Wallenburg[5], was ja auch durch einen merkwürdigen Graffito auf Jakobaeas Gemälde bestätigt wird.

Fünf Jahre später wird Jakobaea erneut porträtiert. Die Dargestellte ist halbfigurig als Hüftstück gegeben, vor neutralem Hintergrund links, rechts erscheint ein wunderbar gemalter hochgeschlagener Seidenvorhang. Annähernd frontal ist die Dargestellte im Bild aufgebaut und blickt den Betrachter prüfend an. Sie trägt ein dunkles, fast schwarzes Übergewand mit Gold- und Perlstickerei an den Säumen, dessen kunstvolle Bahnenschlitzung das goldfarbene, engärmelige Untergewand mit geschwungenen Blattornamenten freigibt. Weiße Spitzenmanschetten und eine aufwendige Spitzenhalskrause vervollkommnen den reichen Eindruck, der noch vom Schmuck übertroffen wird. Ihr bemerkenswertes Geschmeide besteht aus einer reich mit Perlen besetzten, großgliedrigen Halskette, vermutlich wieder eine Augsburger Arbeit, der Mantel wird von einer mit Türkis besetzten Agraffe zusammengehalten, an der ein rundes Pendant mit Papageien hängt, reich mit Edelsteinen geschmückt.[6] Mit der Rechten hält sie den Anhänger der großen Halskette, in dem sich die Emailfigürchen von Venus, Mars, darüber der Amorknabe, gegenüberstehen. Wie wertvoll diese

Wie wertvoll dieser Schmuck war, zeigt ein Detail aus dem sog. Darnley-Porträt von Königin Elisabeth von England, um 1575. An ihrer Hüfte trägt sie einen Anhänger, der vom gleichen Augsburger Goldschmied stammen könnte und Juno, Venus, Athena und Zeus darstellt. (London, National Portrait Gallery)

Preziosen einzuschätzen sind, zeigt ein Vergleich mit den Kleinodien von Königin Elisabeth I. von England. Auf dem sogenannten Darnley-Porträt von 1575 in der National Portrait Gallery, London, trägt die Herrscherin einen sehr ähnlichen Anhänger, der durchaus in Augsburg entstanden sein könnte.[7] Die Inschrift links oben im Bild benennt: „Jacobe von Closen zu Gern, / Geborene von Mächslrain, / Freyin zu Waldegg; AETATIS SVAE, / A° 1595." Das Porträt ist wesentlich realistischer als das Hochzeitsbild. Jakobaeas Züge unter dem dunklen Haar mit Perlengesteck haben sich deutlich verhärtet, die dunkleren Augen unter den scharfen Brauen sind mit Falten unterlegt, der Mund mit seitlichen Falten ist härter und das Kinn setzt sich energisch ab. Vielleicht verzichtete man wegen dieser realistischen Dokumentation auf die Nennung des Alters.

Der Maler selbst erweist sich als ein Meister der Materialgenauigkeit, was besonders am Abbild des Schmucks und der Spitzen deutlich wird. Man könnte, inklusive des realistischen Porträts, von barocker Sachlichkeit sprechen.

---

[1] Wiedemann, S. 85–86.

[2] Siehe Hackenbroch, Yvonne: Enseignes. Renaissance Hat Jewels. Florenz 1996, S. 184, Abb. 197. – Kassel, Gemäldegalerie Alte Meister, Inv. Nr. GK 488. http://altemeister.museum-kassel.de/33927/0/0/147/s1/0/100/objekt.html, 10.12.2018. – Ost, Hans: Tizians Kasseler Kavalier. Köln 1981, S. 22.

[3] https://www.nationalgallery.org.uk/paintings/lorenzo-lotto-portrait-of-a-woman-inspired-by-lucretia, 10.12.2018

Hackenbroch, Yvonne: Renaissance Jewellery. München 1979, S. 25.

[4] Wittelsbach und Bayern. Ausst.-Kat. München 1980, Bd. II., 1, S. 278, Kat. Nr. 425.

[5] Wiedemann, S. 85. Besagter Graffito mit Bleistift auf dem Kleid Jakobaeas lautet: „Am 19ten May 1806 war Franz Josef Mücklburgh / Chyrurgus daselbst auf Wallenburg / komen" [Rest unleserlich].

[6] In London, British Museum, Waddesdon Bequest, befindet sich ein gefälschter Anhänger, Paris 19. Jh., der aber auf einen ähnlichen Anhänger zurückgeht. Die Fassung ist identisch.

[7] https://www.npg.org.uk/collections/search/portrait/mw02075/Queen-Elizabeth-I., 10.12.2018– Lynn, Eleri: Tudor Fashion. London u. a. 2017, S. 50, Abb. Nr. 40.

DAS SCHWARZE SCHAF
Heinrich Georg von Maxlrain,
Reichsfreiherr von Waldeck
(1605–1639)

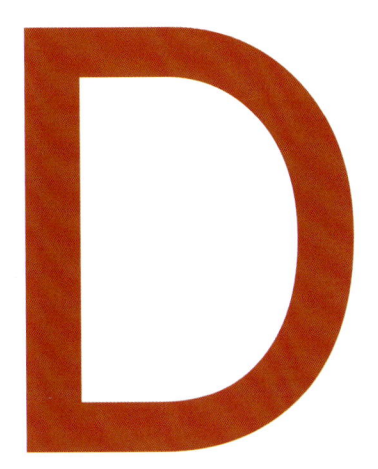

Der junge Mann auf dem Gemälde war nicht zum Gespräch bereit, zu peinlich schien ihm sein Leben zu verlaufen. Und ein wenig peinlich ist auch sein Porträt geraten, das einer der weniger guten Maler in München verfasst hat. Als Hüftstück gegeben, hat der dickliche Heinrich Georg von Maxlrain seine linke Hand auf einen Tisch gestützt, die rechte stemmt er in die Hüfte. Vollrund, teigig und ungesund blass ist sein Gesicht dargestellt, das Doppelkinn ziert ein schütterer rotblonder Spitzbart und schütter fallen auch die Bartspuren über dem Mund aus. Das rotbraune Haar setzt hoch an und fällt tief in den Nacken. Dabei hat er durchaus wache Augen und sogar eine recht kühne Nase, sodass wir annehmen können, dass er einmal ein hübscher Junge war, ehe er sich einer ungesunden Lebensweise verschrieb. Mit seiner Kleidung gibt er an. So trägt er ein weißes Wams mit reichlich goldener Stickerei und geschlitzten Ärmeln, worunter die silberseidenen Ärmel seines Hemdes sichtbar werden. Dazu wird eine rote Pluderhose mit goldenen Streifen sichtbar. Auch auf modischen Firlefanz glaubt er nicht verzichten zu können. So hat er eine Schärpe aus mohnroten Blumen mit goldenen Quästchen umgegürtet, sein Degen hängt an einem gold- und silberbestickten Brustgurt und statt des weißen Kragens greift er auf die Spitzenhalskrause zurück. Hinter ihm ist rechts ein grüner Vorhang mit goldenen Fransen zurückgeschlagen und links steht das Maxlrainer Wappen und das Monogramm „H.G.V.M.F.Z.W. / IN XXVII / 1632" für „Heinrich Georg von Maxlrain, Freiherr zu Waldeck, im siebenundzwanzigsten Lebensjahre 1632". Die dosenförmige Taschenuhr auf dem grün bezogenen Tischlein, die vermutlich aus Nürnberg stammt, kann auf Reichtum, aber wohl auch auf Vergänglichkeit weisen, die goldbestickten Handschuhe sind aber wieder Zeichen der Eitelkeit.

Dabei hatte alles ganz gut für den ältesten überlebenden Sohn von Wolf Veit I. begonnen. Sein Bruder Wolf Wilhelm war 1621 im Kampf gegen die Türken im damals ungarischen, heute slowakischen Neuhäusel gefallen und er war Herr von Maxlrain geworden. Herzog Maximilian I. hatte ihn zum Kämmerer und zum Pfleger von Schärding ernannt, keine schlechten Posten. Bei Hofe versuchte er, durchaus erfolgreich, das Hoffräulein Maria Elisabeth von Preising, Tochter von Johann Warmund

Recht übertrieben geschmückt ließ sich der wenig glückreiche Heinrich Georg darstellen, mit seinem geschlitzten Wams und dem roten Schleifengürtel, wie sie um 1630 längst aus der Mode waren. (Kat. Nr. 15)

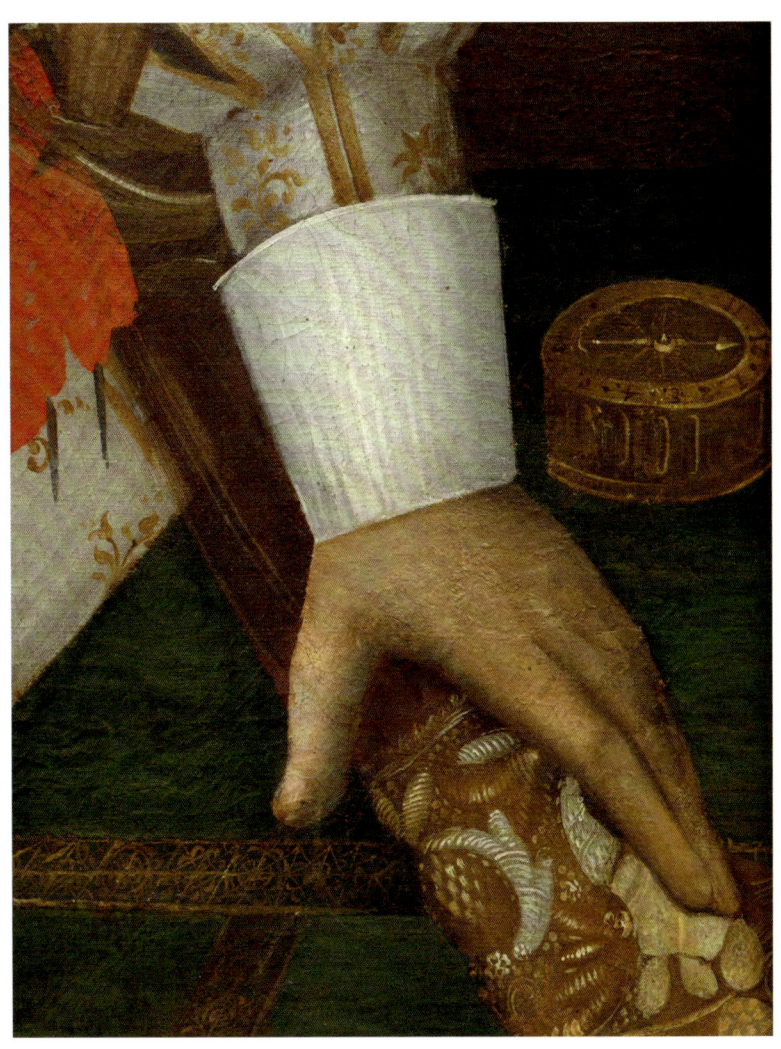

Sein aufgedunsenes Gesicht zeugt von genussreichem, ungesundem Lebenswandel, der ihn auch bald dahinraffte. (Kat. Nr. 15)

So kann die Uhr auf dem Tischchen durchaus auch als Memento-mori-Symbol verstanden werden. (Kat. Nr. 15)

von Preising auf Altenpreising und Anna Ursula von Gumppenberg auf Scherneck und Pöttmes, zu umgarnen. Bei denen kam der lebenslustige Heinrich Georg jedoch gar nicht gut an. Zwei herzerweichende Briefe vom August und September 1629 von Vater und Mutter haben sich erhalten. Über Johann Warmunds Schwager, einen Herrn von Closen zu Gern, hatte Heinrich Georg seine ernsten und ehrlichen Heiratsabsichten angemeldet, doch der Vater zögerte mit einer Zusage. Er war sich des finanziellen Rückhaltes Heinrich Georgs nicht sicher. Im Gegenteil, er hatte vernommen, dass sein Vermögen „nit gar groß" sei und er und drei Brüder sich mit einer großen Schuldenlast herumzuschlagen hätten. Wahrscheinlich resultierte die noch aus dem großartigen Schlossbau Wolf Wilhelms. Jedenfalls beschwor er seine Tochter, Geduld zu haben. Auch die Mutter glaubte an die Liebe ihrer Stieftochter, hatte aber die gleichen Bedenken wie ihr Mann. Heinrich Georg müsse sich sein Geld ja erst noch ererben. Und wenn er nun vor Maria Elisabeth stürbe?

Doch die beiden setzten ihren Willen durch und heirateten im September 1631. Vermutlich gab es damals auch von ihr ein Porträt, das aber nicht erhalten ist. Maria Elisabeth brachte 6.000 Gulden in die Ehe und Heinrich Georg verschrieb ihr Schloss Maxlrain als Witwensitz. Und wie erahnt, verstarb er schon am 14. April 1639, hoch verschuldet. Die Witwe konnte sein Epitaph beim Münchener Bildhauer Constantin Bader erst 1643 bezahlen. Schloss Maxlrain musste auf Befehl von Kurfürst Maximilian verkauft werden. Heinrich Georgs Bruder Wolf Veit II. konnte es um die gewaltige Gläubigersumme von 32.000 Gulden in der Familie halten. Der Verstorbene hinterließ allein Bierschulden in der enormen Höhe von 247 Gulden. Der Witwe und ihren beiden Söhnen und drei Töchtern blieb gerade einmal so viel, wie ihr Brautgut gewesen war. Glücklicherweise fand sie eine Stellung als Hofdame der Kurfürstin.[1] Sie starb 1643 und wurde an der Seite ihres Gatten in Beyharting beerdigt.

---

[1] Wiedemann, S. 242–247.

WOLF VEIT II. VON MAXLRAIN,
Reichsgraf von Hohenwaldeck († 1659)

Verehrte Leserin, geneigter Leser,

nachdem der Waldecker Mannesstamm meines Vaters Wilhelm erloschen und der unselige Heinrich Georg verstorben ist, übernimmt nun mein Großonkel Wolf Veit II. von Maxlrain, Reichsgraf von Hohenwaldeck, die gesamte Herrschaft.

Als dem jüngeren Bruder Heinrich Georgs oblag mir nach dessen Hinschied, die Maxlrainer Sache zu retten und das Schloss um 32.000 Gulden zu kaufen. Die Folge waren Verkäufe meiner Grundstücke und Einrichtungen. So 1641 die Mühle von Götting an das Kloster Beyharting und einen Hof in der Wezlau bei Rosenheim. 1643 eine Wiese und drei Äcker bei Jakobsberg sowie 1651 die schöne Mühle von Wörnsmühl. Ein Gut nach dem anderen musste ich drangeben, so auch in Niederfischbach. Erst 1655, nach dem Tode meines Vetters Wilhelm IV. von Maxlrain, der keine Söhne mehr hatte, erleichterte sich meine Lage, denn ich wurde nun Herr der Grafschaft Hohenwaldeck, belehnt am 27. Juli 1655 von Kurfürst Ferdinand Maria. Am Anfang des Jahres 1659 sollte ich versterben, nach einem kurzen und wenig erfreulichen Leben. Meine

Es oblag Heinrich Georgs jüngerem Bruder Wolf Veit II., Maxlrain und die Grafschaft Hohenwaldeck zu retten. Man sieht dem Porträt den hohen Ernst und die Strenge an, mit der er seine Güter zu ordnen vermochte.
(Kat. Nr. 16)

WOLF VEIT II. VON MAXLRAIN, REICHSGRAF VON HOHENWALDECK

Sein Porträt orientiert sich an Jan van den Hoeckes Bildnis Kaiser Ferdinands III. von 1643. (Wien, Kunsthistorisches Museum)

zweite Frau Barbara Rufina von Preising zu Altenpreising, die ich 1639 geheiratet hatte, schenkte mir zwei Söhne, Johann Max und Johann Heinrich Franz Dominikus, und zwei Töchter, Maria Franziska Katharina, die Ebald von Khleyß, kurbayerischen Kämmerer und Hofratspräsidenten in München und Statthalter in Amberg, ehelichte, und Johanna, die schon 1663 sterben sollte.

Auf meinem halbfigurigen Porträt trage ich einen schwarzen Rock mit sehr fein geklöppeltem Spitzenkragen und mittiger Troddel, meine Rechte mit der schönen Manschette ist auf einen Kommandostab gestützt, das Gefäß meines Säbels ragt hervor. Zum langen rotbraunen Haar trage ich Oberlippen- und einen kleinen Kinnbart und blicke den Betrachter selbstbewusst an. Der geöffnete grüne Seidenvorhang gibt rechts den Blick auf einen Pilaster und eine Säule frei, wohl ein Hinweis auf die Tugend der Fortitudo. Schräg rechts neben meinem Haupt unter perlenbesetzter Grafenkrone das Maxlrainer Wappen mit meiner Buchstabenfolge W.V.G.V.H.W. / Z. M. für „Wolf Veit Graf von Hohenwaldeck zu Maxlrain". Das Gemälde, das sich ganz am Abbild Kaiser Ferdinands III. von Jan van den Hoecke, 1643,[1] orientiert, stammt möglicherweise von einem Münchener oder Wiener Maler.[2]

Bei einem Porträt, das eine junge Frau zeigt, könnte es sich um meine Tochter Johanna handeln, die schon 1663 sterben sollte und in Beyharting begraben ist. Die Dargestellte ist im Oval auf der rechteckigen Bildfläche als Brustbild ohne Arme dargestellt. Nach rechts gewandt, blickt sie den Betrachter fast frontal an. Unter einem roten Manteltuch, das ihre linke Schulter freigibt, trägt sie ein reich mit Perlen besetztes goldenes Kleid. Ein weißes Untergewand mit Spitzen gibt ein großes Dekolleté frei, auf das eine Ringellocke fällt. Um den Hals trägt Johanna eine voluminöse Perlenkette. Die aufwendige natürliche Haarpracht mit vielen Locken gibt ein wenig schönes Gesicht frei, mit starken Brauen, großen dunklen Augen, die leicht schielen, einer langen, durchaus knolligen Nase und einer starken Kinnpartie. Es steht zu vermuten, dass hier der gleiche Maler tätig war, der auch Georg Albert von Maxlrain (18) porträtiert hat.

Nur vermuten kann man, dass diese wenig schöne Frau die Tochter Johanna Wolf Veits ist, die schon 1663 unverheiratet starb und in Beyharting begraben liegt. (Kat. Nr. 17)

Wolf Veits II. Sohn Georg Albrecht verstarb, völlig aus der Art geschlagen und von einem Hauslehrer verdorben, in jungen Jahren. (Kat. Nr. 18)

Ein unrühmliches Ende nahm mein natürlicher Sohn Georg Albert, den ich sehr jung 1625 auf die Universität Ingolstadt geschickt habe. Hier kam er in die schlechten Hände eines sündigen Hofmeisters, der ihn verdarb. Immer wieder erhielt er Geld von seiner Mutter. Ganz weit weg wollte ich ihn haben und schickte ihn als Edelknaben an den großherzoglichen Hof von Florenz. Allein, der schändliche Hofmeister reiste ihm nach und setzte sein sündiges Treiben mit ihm fort. Auch verleitete er ihn zum Glücksspiel, wo er natürlich verlor. Auch strenge Zucht verhalf da nicht, und er starb an seinen Ausschweifungen, wie nicht anders zu erwarten, ohne Frau und Kinder. Ich denke, dass dies ziemlich schreckliche Porträt ihn darstellt, als Halbfigur mit ungefähr zwanzig Jahren, im weibischen rotseidenen, goldbestickten und pelzgefütterten Hausmantel. Ein weißes Spitzenhemd zeigt die italienische Mode. Seine geschraubte Haltung und wie er die Linke im Kragen versenkt wirkt geziert, ebenso seine Mimik und Gestik. Unter hoher Stirn werden zwei misstrauische Augen sichtbar, die Nase ist lang und gebogen, der Mund maliziös. Nein, der besitzt nicht mehr die Kraft seiner Ahnen.[3]

[1] https://de.wikipedia.org/wiki/Ferdinand_III._(HRR)#/media/File:Ferdinand_III,_Holy_Roman_Emperor.jpg, 10.12.2018

[2] Wiedemann, S. 253–256.
[3] Wiedemann, S. 256.

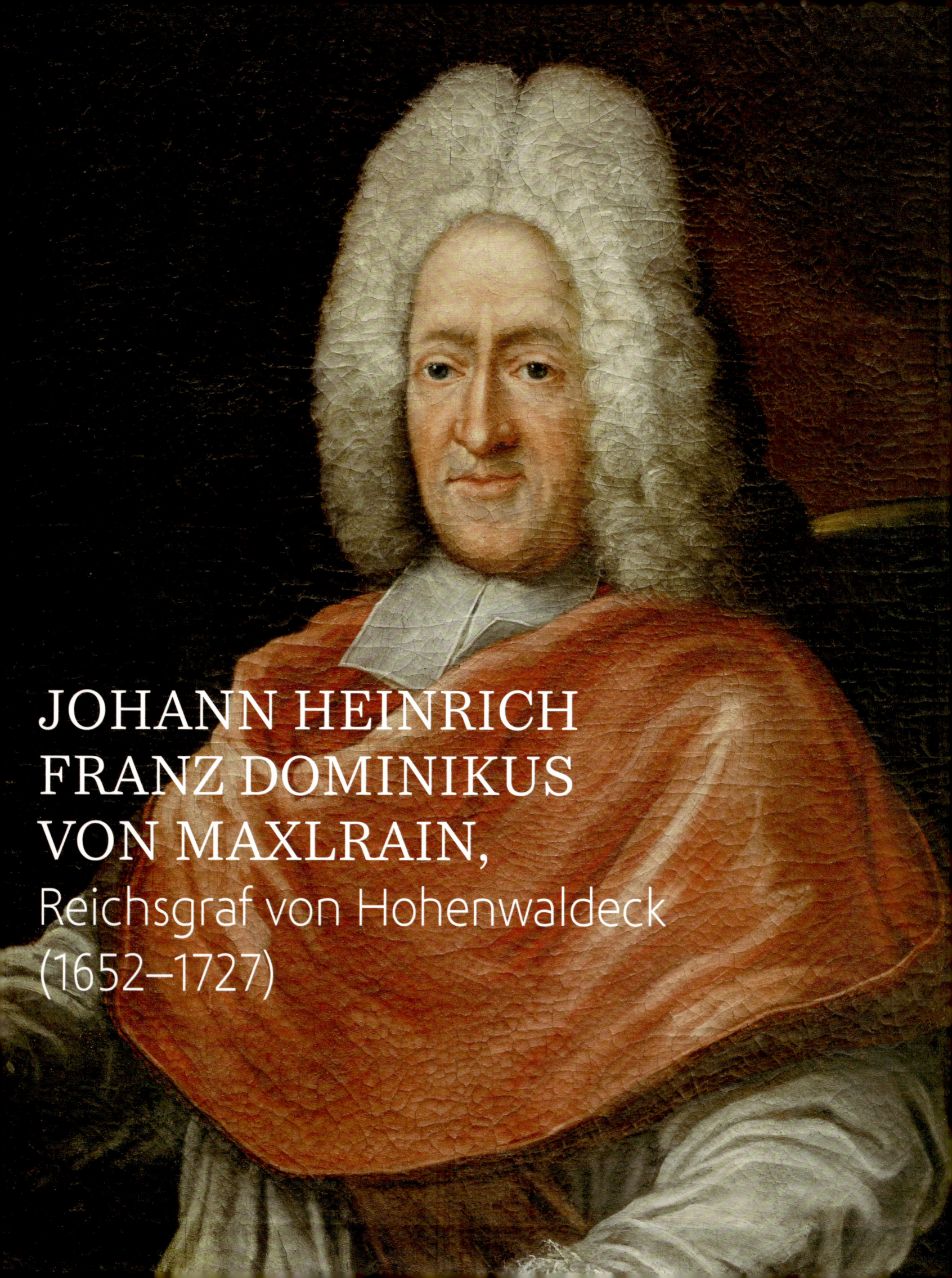

JOHANN HEINRICH FRANZ DOMINIKUS VON MAXLRAIN,
Reichsgraf von Hohenwaldeck
(1652–1727)

Verehrte Leserin, geneigter Leser,

die Maxlrainer Familiensaga neigt sich dem Ende zu. Wie wir sahen, sind in den letzten Generationen allerhand schwarze Schafe zu verzeichnen. Aber ein Maxlrainer sollte es doch noch zu einem hohen kirchlichen Amt bringen.

Zu hohen kirchlichen Würden stieg Johann Heinrich Franz Dominikus von Maxlrain auf, der schließlich zum dritten Mann in der Hierarchie des München-Freisinger Bischofssitzes wurde. (Kat. Nr. 20c)

Gleich drei Male wurde ich, der einzige Maxlrainer, der zu hohen kirchlichen Ehren aufgestiegen ist, gemalt. Zum ersten Mal mit sechs Jahren mit meinem Hündchen, zum zweiten Mal als zwanzigjähriger Student am Collegium Germanicum et Hungaricum in Rom und zum dritten Mal als würdiger Domdechant, Hofratspräsident und Statthalter zu Freising, 1722. Bereits mit acht Jahren wurde ich auf die Universität von Ingolstadt geschickt, da war es vorbei mit den sorglosen Tierspielen, war mir doch von vorneherein das geistliche Amt bestimmt. Später, 1668, setzte ich mein Theologiestudium in Salzburg fort. Mit zwanzig Jahren verbrachte ich eine Studienzeit in Rom. Das hat mir mein Bruder ermöglicht, der auch bei der Teilung des väterlichen und mütterlichen Erbes 1685 sehr großzügig war und das Geld, das er mir für das Studium und die Bemühungen um ein Domkanonikat in Freising bewilligt hatte, nicht zurückforderte. Allerdings dauerte es noch lange Jahre, bis die Position eines Canonicus nach dem Tode Caspar Sigismunds von Lerchenfeld im Jahr 1680 frei wurde. Vier Jahre ließ das Domkapitel sich Zeit, mich 1684 aufzunehmen. Am 18. Dezember 1698 wurde ich dann Domdechant, also der zweite Mann hinter dem Bischof, im Jahr darauf Erzpriester und 1722 Hofratspräsident in München und Statthalter zu Freising. In dieser Zeit wurde ich Zeuge eines der letzten großen Hexenprozesse in Freising, des sogenannten Mäuselmacherprozesses, der sich über Jahre von 1712 bis 1715 und dann wieder bis 1723 zog und bei dem nicht nur drei minderjährige Knaben zum Tode verurteilt wurden, sondern viele Freisinger Bürger in große Gefahr gerieten. Aber auch das wurde überstanden und von der großen Tausendjahrfeier des Bistums Freising 1724 überlagert. Unser nach elf Jahren heimgekehrter Kurfürst kam in Begleitung des höchsten Adels in die Stadt und ich durfte ihn gemeinsam mit Domküster Adam von Königsfeld, Obriststallmeister Johann von Königsfeld und Domkanoniker Anton von Waldkirchen an der Freisinger Grenze in Empfang nehmen. Es war schließlich auch der ganze Wittelsbacher Familienclan mitgereist, auch Minister und Kavaliere. Auf dem Domberg begrüßte Bischof Johann Franz Eckher die höchsten Herrschaften aus München. Bevor ich 1727, am 27. Februar, mit vierundsiebzig Jahren starb, stiftete ich noch 1.000 Gulden für eine Wochenmesse am St. Martinsaltar in der Domkirche, die jeden Freitag gelesen werden sollte. Auf meinem Epitaph im Dom lauten die Worte:

> Epitaphium Joannis Henrici Francisci Dominici
> Comitis de Machselrain
> Decani
> Cathedralis Ecclesiae Frisingensis.
> Hic jacet
> Reverendissimus Illustrissimus et
> Excellentissimus Dominus Dominus Joannes
> Henricus Franciscus Dominicus S.R.J.
> Comes de Hohenwaldek et Maxlrein,
> Walnburg, Miespach et Schönbrunn, Dominus
> in Geltofing, Serenissimi Electoris
> Bavariae Consiliarius intimus, hujus ecclesiae
> Cathedralis Frisingensis Decanus,
> Archipresbyter et Consilii aulici Preses, locum tenens,
> Magni sui Magni Stematis gloria vera justi
> Regent jdea
> Cui
> Postquam et 38 Annis et Canon. Capitularis et
> 29 et Decanus hujus Cathedralis
> Ecclesiae inservivit, et honori Die suaeque
> Ecclesiae juristuendis indefessus
> Non sibi sed bono publico vivens invigilanvit
> die 27. Feb. 1727 aet. se. 74
> Plenus meritis fundata sibi sibi missa
> hebdomadali et Anniversario beato fine quievit,
> in vita et morte pauperum pater. Cui ad
> aeterna charitatis praemia vocata
> pauperes hospitalis Fris. hoc perennis
> memoriae lapide sepulchralisuspinis
> potiusquam verborum Periodis ornato
> parentarunt, orantes et gementes; retribuere
> Domine nostro tanto benefactori
> vitam aeternam.

Kurfürst Johann Max Emanuel von Bayern, 1706 von Joseph Vivien gemalt (München, Residenz). Er trägt, wie immer als Feldherr, seine blaue Schärpe, die ihm den nom de guerre „Der blaue Kurfürst" eingetragen hat. Im Hintergrund ist die Stadt Bergen zu sehen, wohin er sich ins Exil zurückgezogen hat.

In der Tat erlebte dieser Kirchenmann unter Kurfürst Max Emanuel von Bayern (1662–1726) eine der wirrsten Epochen bayerischer Geschichte. Nach der friedlichen Regierung von dessen bereits erwähntem Vater Ferdinand Maria (1636–1679) konnte er ein reiches Land übernehmen und unverzüglich eine Armee aufstellen, mit der er Kaiser Leopold aus dringender Türkengefahr helfen wollte. Tollkühn befehligte Max Emanuel 1688 bei der Einnahme des osmanischen Belgrads seine Truppen in der ersten Reihe und wurde in seinem leuchtenden Tenue als der „Blaue Kurfürst" in ganz Europa berühmt. Seiner Ehe mit der Habsburger Kaisertochter Maria Antonia entstammte ein Kurprinz, Joseph Ferdinand (1692–1699), der vom spanischen König Karl II. (1661–1700) 1698 zum Erben des spanischen Weltreichs, also über das Kernland, Mailand, Neapel, Sizilien, die Niederlande und die überseeischen Besitzungen, bestimmt worden war. Dessen damals rätselvoller, aber offensichtlich natürlicher früher Tod setzte allen väterlichen Machtträumen ein Ende. Ganz zum Ende seines Lebens hatte Karl II. den Enkel Ludwig XIV., Philipp V. von Anjou, als Nachfolger bestimmt. Das war nicht im Sinne Kaiser Leopolds I., auch England und die Vereinigten Niederlande plädierten gegen die französische Machtfülle. In der Haager Großen Allianz schlossen sie sich mit Habsburg zusammen. Dagegen standen die Verbündeten Frankreichs und Spaniens, Kurköln, Savoyen und das kurfürstliche Bayern unter Max Emanuel, der seit 1691 als spanischer Generalstatthalter die Spanischen Niederlande regierte. Der Spanische Erbfolgekrieg sollte von 1701 bis 1714 dauern. Mit dem Überfall auf die Reichsstadt Ulm am 8. September 1702 hatte sich Max Emanuel zum Reichsfeind gemacht. Immer größer wurden seine Gebietsforderungen, ohne die nötigen großen Bundesgenossen. Und auf sein Kriegsglück als der Blaue Kurfürst vertrauend, ging er am 13. August 1704 in die Schlacht von Höchstädt, in der er von Prinz Eugen von Savoyen und John Churchill, 1st Duke of Marlborough, Fürst von Mindelheim, vernichtend geschlagen wurde. Seine Armee, in die Donau getrieben, hörte auf zu existieren. Sein Exil, teilweise in Acht und Bann, sollte bis über ein Jahrzehnt dauern, dann konnte er nach Bayern zurückkehren. Dort hatten die Habsburger hart geherrscht und den Bauernaufstand 1705 evoziert, der in der Sendlinger Mordweihnacht 1705 blutig endete. Als Max Emanuel 1715 nach München zurückkehrte, wurde er in

Schon als Knabe trägt er das bischöfliche Rot und scheint von großem Ernst. (Kat. Nr. 20a)

irrealer Verehrung begeistert empfangen. Die letzten zehn Jahre seines Lebens verbrachte er, vom Bauwurm getrieben, enttäuscht auf Schloss Schleißheim.

Johann Heinrich Franz Dominikus verbrachte diese bewegten Jahre als Domkanoniker und schließlich als Domdechant unter Fürstbischof Johann Franz Eckher von Kapfing und Liechteneck in Freising, der dem Bistum von 1695 bis 1727 vorstand. Er gehörte zu der Gruppe adeliger Kanoniker, die ganz in jesuitischem Geiste ihr Studium an dem hervorragenden Collegium Germanicum in Rom vollendet hatten. Unter Fürstbischof Eckher erlebte er die kostbare Umgestaltung des Freisinger Doms durch die Gebrüder Asam, aber auch besagten Mäuselmacherprozess, der, genauestens dokumentiert, Freising von 1712 bis 1715 und dann noch einmal 1721 bis 1723 in Atem hielt. Dabei waren einige Bettelbuben beim vermeintlichen Hervorzaubern von dreibeinigen Mäusen ertappt und der Hexerei angeklagt worden. Eines der Kinder erhängte sich in der Zelle, ein anderes verstarb an einer Krankheit, drei weitere Knaben wurden 1717 mit dem Schwert gerichtet oder verbrannt. Zwei weitere Buben erhielten Prügelstrafen. Im zweiten Prozess, der durch den Diebstahl eines der Gezüchtigten ausgelöst wurde, verloren acht junge Menschen zwischen vierzehn und dreiundzwanzig Jahren sowie drei Bettlerinnen ihr Leben. Als immer mehr Freisinger in den Prozess hineingezogen wurden, ließ man ihn planmäßig versanden.

Mit seinem Neffen Johann Joseph Max Veit lag Johann Heinrich Franz Dominikus seit 1705 in Fehde, weil dieser nach dem Tod seines Vaters Johann Max, 1701, die Herrschaft über Hohenwaldeck und Maxlrain übernommen hatte. Der Domherr wollte als Nachfolger seines Bruders selbst regieren. 1707 legte er Protest am kaiserlichen Hof ein, wurde aber negativ beschieden. Zu deutlich war in Wolfs Testament von 1561 niedergelegt, dass Familienmitglieder geistlichen Standes von der Nachfolge auf den Herrschaften ausgeschlossen wären. Reizvollerweise sind drei Porträts von Johann Heinrich Franz Dominikus erhalten geblieben.

Das erste zeigt, als Hüftstück gegeben, den jungen Knaben mit den hellwachen Augen im Alter von sechs Jahren, vor zurückgeschlagenem grünem Vorhang mit goldenen Fransen, nach rechts gewandt, den Blick nach links im Viertelprofil am Betrachter vorbei richtend. Eine Tendenz zum Schielen des rechten Auges, wie bei seiner Schwester Johanna, wird deutlich. Gekleidet ist er in ein teilgeknöpftes rotes Wams mit geschlitzten

Kindlich scheint bei ihm nur die Zuneigung zu seinem Hündchen, das er zärtlich streichelt. (Kat. Nr. 20a)

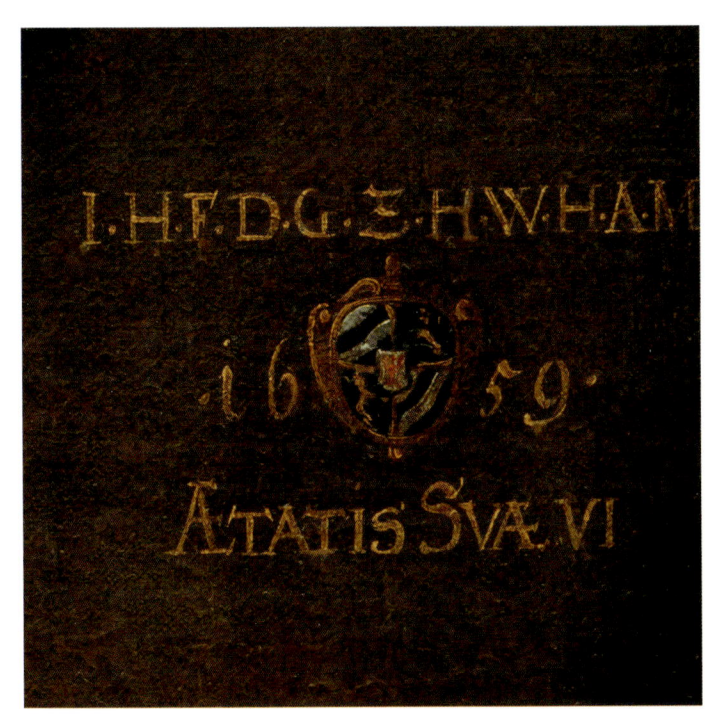

Stolz steht neben seinem Haupt das gräfliche Wappen mit seinen Initialen und verweist 1659 auf sein Alter von sechs Jahren. (Kat. Nr. 20a)

Ärmeln, darunter ein voluminöses weißes Hemd mit Rüschenmanschetten und eine rote Hose, an deren Bund Schleifen angebracht sind. Sein Kragen gemahnt eher an Beffchen, was auf seine Bestimmung als Geistlicher deuten mag. Allerdings sind daran zwei verspielte Troddeln angebracht. Er hat sein rotblondes Haar schulterlang, unter sachten Brauen blicken traurige dunkelbraune Augen, die Nase ist lang und gerade, der Mund schmal und das Kinn mit einer Falte betont. Die rechte Hand hat er in die Hüfte gestemmt, mit der linken streichelt er ein Hündchen, das rechts von ihm auf einem grün ausgeschlagenen Tisch ruht. Rechts von seinem Haupt ist um ein kleines Maxlrainer Wappen im Herzschild die Inschrift angebracht: (Kat. Nr. 20 a, Det. Wappen)

I.H.F.D.G.Z.H.W.A.M.
.16 [Wappen] 59.
AETATIS SVAE VI.

Dies sehr stimmungsvolle Kinderporträt eines Münchener Barockmalers zeigt eine ernste, seiner Bestimmung ergebene Persönlichkeit. (Kat. Nr. 20 a. Detail Hund)

154

Das zweite gibt den ernsten jungen Studenten der Theologie mit einundzwanzig Jahren als Seminaristen des Collegium Germanicum wieder. Der Dargestellte ist als Brustbild vor neutralem Hintergrund gegeben, nach links gewandt, den Kopf im Viertelprofil nach rechts gewandt, den Blick, leicht divergent schielend auf den Betrachter gerichtet. In den schönen Händen hält er einen Brief, auf dem folgende Anschrift verzeichnet ist:

[1. Zeile nicht entzifferbar]
S. Sig. Giov. Hrco. Frco. Domenico
Conte de Maxlrain
Nel Collegio Germanico
A Roma

Gekleidet ist Johann Heinrich Franz Dominikus in den roten Talar des Collegium Germanicum mit engen Ärmeln und Rundkragen, worunter ein weißes Chorhemd am Kragen sichtbar wird. Diese Sonderfarbe war eingeführt worden, um die recht frechen Studenten dieses Kollegs gleich erkennen zu können. Unter dem kurzen Haarschnitt wird eine hohe Stirn sichtbar, hochgezogene Brauen und der abschätzige Blick geben der Gestalt etwas Hochmütiges, was durch den schmalen Mund noch gesteigert wird. Die spitze Kinnpartie des Zwanzigjährigen ist pointierter geworden. Links neben seinem Haupt pendelt vom oberen Bildrand eine Taschenuhr mit Schlüssel, die die Zeit, 9 Uhr und 16 Minuten, anzeigt, vermutlich ein Symbol menschlicher Vergänglichkeit. Rechts neben seinem Haupt steht unter einer Krone in violettem Herzschild das Maxlrainer Wappen, darunter stehen ligiert die Buchstaben I H F D M G H W / 1673 seines Namens und die Datierung. Vermutlich entstand das Gemälde noch in Rom.

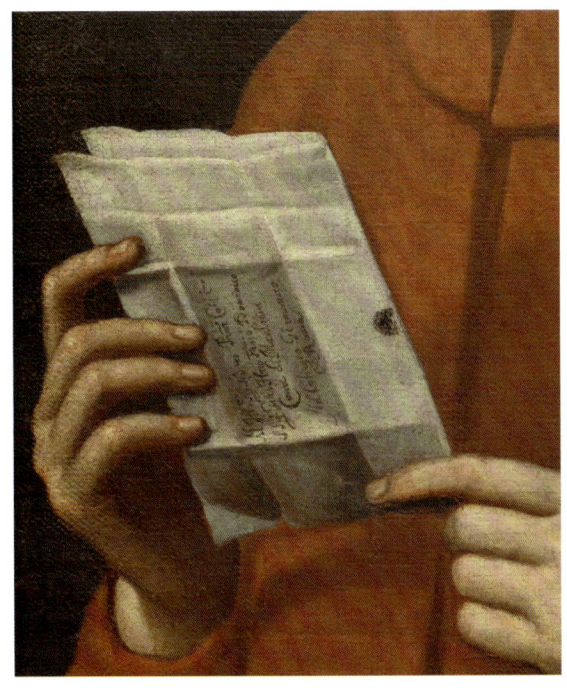

An diese geistliche Ausbildungsanstalt junger deutscher und ungarischer Adeliger ist auch der Brief gerichtet, den er in Händen hält. (Kat. Nr. 20b)

Völlig vergeistigt erscheint der einundzwanzigjährige Mann als Seminarist, mit geradezu verbissener Miene. (Kat. Nr. 20b)

Seiner hohen gräflichen Herkunft ist er sich deutlich bewusst, aber auch der Endlichkeit seines Daseins, im roten Gewand des Collegium Germanicum et Hungaricum im päpstlichen Rom. (Kat. Nr. 20b)

Dabei wurde ihm ein langes und erfolgreiches Leben zuteil, das ihn als Domdechant in die Nähe des Kurfürsten Max II. Emanuel führte. Freilich wich er, im rot-weißen Habit der Freisinger Domkanoniker, auch keinem Streit aus, was sein Neffe Johann Joseph Max Veit zu spüren bekommen sollte. (Kat. Nr. 20c)

Wappenreliefs von Johann Heinrich Franz Dominikus von Maxlrain (München, Bayerisches Nationalmuseum)

Das dritte Gemälde zeigt den gestandenen Kirchenmann und geschickten Politiker in seinem Kleid als Domkanoniker, das in Freising statutengemäß in einem violetten Talar, weißem Rochett und einer roten Cappa Magna bestand. Der Dargestellte ist als Hüftstück ohne Hände auf einem grün bezogenen Sessel gegeben. Gekleidet ist der Freisinger Domdekan in ein weißes Chorhemd und eine rote Mozzetta, wohl ein Relikt der Cappa Magna, am Hals die leinene Biffa. Auf dem Haupt trägt er eine mächtige, weiß gepuderte Allongeperücke. Die Züge des mithin Siebzigjährigen sind markant, auf der hohen Stirne haben sich zwei steile Falten eingegraben, auch seine Wangen sind gefurcht. Geblieben sind die leicht divergent schielenden Augen, der schmale Mund und der abschätzige Blick. Die sehr qualitätvolle Malerei dürfte einem Münchener Maler um 1720 zu verdanken sein.

Zwei sehr schöne hölzerne Wappenschilde von Johann Heinrich Franz Dominikus haben sich in den Sammlungen des Bayerischen Nationalmuseums erhalten. Eines zeigt das bekannte Maxlrainer Bild mit kreuzgeviertelem, ovalem Schild mit Löwen und Wellenbändern, im Herzschild den Waldecker Adler, darüber die drei Bügelhelme mit zwei geflügelten Löwen und nach links gewandtem gekröntem Adler. Das andere zeigt vereint in einem Herzschild links ein großes Kreuz, rechts das Maxlrainer Wappen, darüber auf vier Bügelhelmen außen wieder die geflügelten Löwen, innen links die gekrönte Madonna mit Kind, rechts der gekrönte Adler. Dies Wappen galt der Verwendung in Freising.

---

[1] Wiedemann, S. 256–258 und 267–268.
[2] Beck, Rainer: Mäuselmacher oder die Imagination des Bösen. München 2011.
[3] Wiedemann S. 267; Beck, wie Anm. 2, S. 894.
[4] Wiedemann, S. 267–268, Anm. 6.
[5] Dotterweich, Helmut: Das Haus Wittelsbach in Bayern. In: Kurfürst Clemens Augsburg. Ausst.-Kat. Brühl, Schloss Augustusburg. Köln 1961, S. 53–56. – Aretin, Karl Ottman Freiherr von: Die Politik des Kurfürsten Max Emanuel und die europäischen Mächte. In: Kurfürst Max Emanuel. Ausst.-Kat. München 1976, Bd. 1, S. 35–50. – Schneider, Ulrich: Die Zeit des André Charles Boulle (1642–1732): Fast ein europäisches Jahrhundert zwischen Krieg und kultureller Blüte. In: André Charles Boulle. Ein neuer Stil für Europa. Ausst.-Kat. Frankfurt, Museum für Angewandte Kunst, 2009, S. 14–18.
[6] Beck, Rainer: Mäuselmacher oder die Imagination des Bösen. München 2011. Auf über 800 Seiten arbeitet Beck die riesige Aktenmenge eines der letzten Hexenprozesse in Bayern ab.
[7] Riel-Valder, Christine: Domkloster Freising. Haus der Bayerischen Geschichte. Elektronische Ressource: https://www.hdbg.eu/kloster/web/index.php/detail/geschichte?id=KS0106, 11.12.2018.
[8] Bildarchiv Foto Marburg. Bildlink: https://www.bildindex.de/ete?action=queryupdate&desc=111.815&index=obj-all, 11.12 2018.
[9] Bildarchiv Foto Marburg. Bildlink: https://www.bildindex.de/ete?action=queryupdate&desc=111.822%20&index=obj-all, 11.12.2018.

DER LETZTE MAXLRAINER

Johann Joseph Max Veit
von Maxlrain, Reichsgraf von
Hohenwaldeck (1677–1734)

Johann Joseph Max Veit von Maxlrain

Gerade vierundzwanzig Jahre war ich alt, als mein Vater Johann Max, geboren 1643, Herr auf Maxlrain, 1701 starb, und 1702 wurde ich mit dem Schloss und dem Burghofe belehnt. Zusammen mit seinem Bruder, dem späteren Freisinger Domkanoniker Johann Heinrich Franz Dominikus, hatte er erfolgreich seit 1652 versucht, die aufgelaufenen Schuldenlasten zu tilgen. Erst 1685 teilten sie ihr Maxlrainer Erbe auf, der Domherr wurde ausbezahlt und mein Vater 1686 vom Freisinger Bischof allein mit Schloss Maxlrain und dem Burghof belehnt. Auch konnte er 1697 die Güter in Niederfischbach zurückerwerben. Als er 1701 starb, konnte er uns Kindern, die ihm seine Frau Maria Anna Theresia, geborene Gräfin von Fugger auf Wissenborn-Kirchberg, geschenkt hatte, schuldenfreie Güter zurücklassen. Ich wurde sein Nachfolger, weil mein Bruder während des Studiums 1702 in der Donau ertrunken ist. Ein weiterer Bruder und eine Schwester starben als Kinder, meine Schwester Maria Anna Theresia heiratete Graf von Leubelfing.[1] Es ist recht unklar, ob das schöne Porträt, das um 1665 entstanden sein muss, meinen Vater Johann Max zeigt.

Auf recht unsicheres Gelände begeben wir uns zum Ende der Maxlrainer Familiengeschichte, denn die Identifizierung der Porträtierten ist nicht immer sicher. So könnte der junge Mann im Kürassierharnisch Johann Max, der Vater des letzten Stammhalters Johann Joseph Max Veit, sein. (Kat. Nr. 19)

In das hochrechteckige Bildfeld ist ein ovales Medaillon eingeschrieben. Dargestellt ist das Brustbild eines jungen Mannes von circa zwanzig Jahren, nach rechts gewandt und im Viertelprofil nach links aus dem Bild zum Betrachter blickend. Er trägt einen schwarzen Kürassierharnisch mit goldener Verzierung, dazu ein weißes Seidenhalstuch mit aufwendiger Stickerei mit Silberfaden. Eine lange dunkle Allongeperücke rahmt ein eher gelangweiltes Gesicht. Hierauf ist alles Licht gelenkt. Unter dunklen Brauen stechen dunkle Augen mit Glanzlichtern hervor, die Nase ist lang und gerade, das Kinn schematisch betont. Der Mund mit der vorstehenden Unterlippe weist auf ein eher sinnliches Wesen. Der eher blasse Teint weist gerötete Wangen auf. Der Maler scheint der gleiche zu sein, der auch Johann Max' Schwester Johanna und Bruder Georg Albert porträtiert hat.

Johann Joseph Max Veit von Maxlrain

Mein Onkel Johann Veit, der regierende Reichsgraf und Herr auf Hohenwaldeck, starb 1705. 1659 war er von Kaiser Leopold mit der Herrschaft belehnt worden und lebte vierzig Jahre mit seinen Untertanen im Streit und drangsalierte sie mit Steuern und Strafen, nahm ihnen die Pferde weg und ließ sie einsperren. Der Kaiser selbst verbot ihm solches Handeln. Schließlich brachen Aufstände in Hohenwaldeck los. 1667 wurde Johann Veit sogar aus der Wallenburg vertrieben. 1669 kam er, vom kaiserlichen Reichshofrate verwarnt, endlich zur Einsicht und ließ von der Drangsaliererei ab. Dafür verweigerte er Kaiser Leopold das geforderte Militärkontingent von vier Reitern. Auch dem Kurfürsten Max Emanuel verweigerte er 1688 die zwei als Kontingent geforderten Reiter. Schwer krank verstarb er kinderlos, nachdem er fünfzehn Jahre in München gelebt hatte, mit sechsundsiebzig Jahren und wurde in der Miesbacher Familiengruft beerdigt. Seine Untertanen waren froh, dass ihr Leiden unter diesem grämlichen Manne vorbei war.[2]

So konnte ich endlich die Herrschaft auch von Hohenwaldeck übernehmen. Die Ansprüche meines Onkels, des Freisinger Domdechanten Johann Heinrich Franz Dominikus darauf wurden, wie schon berichtet, 1707 vom kaiserlichen Hof abgelehnt. Der Ahn Wolf hatte in seinem Testament von 1565 geistliche Nachfahren von jeder Herrschaft ausgeschlossen. Nachdem die Schlosskapelle von Maxlrain schon 1669 von Papst Clemens IX. und 1677 von Papst Innozenz XI. einen vollkommenen Ablass zugesprochen bekommen hatte, bewilligte 1717 Papst Clemens XI. die Einsetzung des Sanktissimums.[3] Kurz nach 1730 ließ ich die Kapelle auf das Schönste von Johann Baptist Zimmermann embellieren. Von 1707 bis 1715 hatte der in Miesbach gelebt, ehe er nach Freising

Johann Joseph Max Veit konnte die Schlosskapelle vom trefflichen Johann Baptist Zimmermann ausschmücken lassen, der sie in ein privates Schmuckstück bayerischen Spätbarocks verwandelte.

DER LETZTE MAXLRAINER – JOHANN JOSEPH MAX VEIT VON MAXLRAIN, REICHSGRAF VON HOHENWALDECK

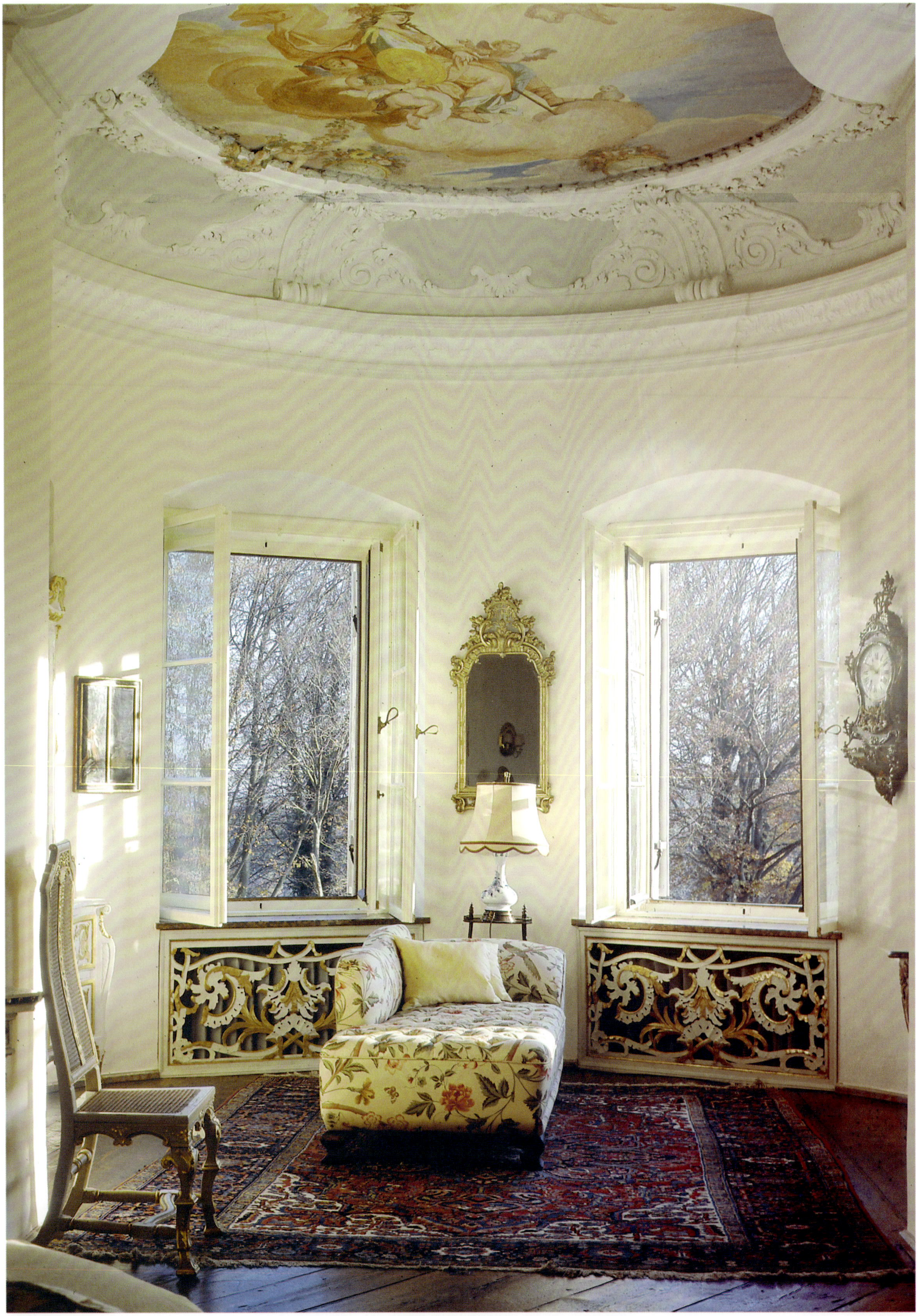

Johann Joseph Max Veit von Maxlrain

umsiedelte. In Schliersee war er ab 1714 bei der Ausstattung von St. Sixtus tätig geworden und auf der Wallenburg stuckierte er um 1730 den Rittersaal und in der gleichen Zeit schmückte er auch die Augustinerklosterkirche von Beyharting aus. Schon 1715 hatte er alle Eckräume im Schloss Maxlrain ausgestattet, erhalten haben sich aber nur das Apollozimmer, das Minervazimmer und das Boreaszimmer im ersten und zweiten Stock.[4] 1710 belehnte mich Kaiser Joseph und 1712 Kaiser Karl VI. erneut mit dem Reichslehen Hohenwaldeck. Im Spanischen Erbfolgekrieg stand mein Kontingent bis 1715 unter Oberstleutnant Graf von Lamberg im Felde. Als milder Herr war ich bei meinen Untertanen beliebt, was ja nicht schwer war nach Johann Veit. Allerdings verlor ich mit meinen Bergwerken in Hausham viel Geld, Silber wie in Schwaz wurde dort nicht gefunden. So waren meine letzten Tage von finanziellen Beschwernissen und dem Fehlen männlicher Nachfolger belastet. Meine Frau Maria Regina Helena von Muggenthal hatte mir zwar zwei Söhne geschenkt, aber die starben gleich nach der Geburt. Von unseren sechs Töchtern starben zwei unverheiratet, vier fanden die rechten Ehemänner. Maria Theresia, die den Freiherren von Satzenhofen geheiratet hatte, sollte nach meinem Tode 1734 Schloss Maxlrain erhalten, das sie aber schon 1742 an die Grafen von Lamberg verkaufte. Die Wallenburg blieb noch bis 1760 im Besitz der Maxlrainer Erben und wurde dann auch verkauft. Als sich 1734 unsere Familiengruft in der Miesbacher Pfarrkirche über mir schloss, verschwand mit mir das Geschlecht der Maxlrainer für immer.[5]

Und auch die Räume im Schloss gestaltete dieser Künstler, der Erhebliches für den geistlichen und weltlichen Adel in Bayern geleistet hat. So schmückte er das Minervazimmer auf Schloss Maxlrain.

Es ist auch unsicher, ob wir von Johann Joseph Max Veit, dem letzten Herrn von Maxlrain und Reichsgraf von Hohenwaldeck, ein Bildnis haben. Traditionell wird dies schöne Porträt eines jungen Mannes im Harnisch für ihn bestimmt. (Kat. Nr. 21)

Auch auf seine Gattin Maria Regina Helena, geborene Gräfin von Muggenthal, könnte ein weiteres Porträt in der Sammlung von Schloss Maxlrain passen. Sie trägt ihr schönes Haar so, wie es am Hofe von Kurfürst Max Emanuel üblich war. (Kat. Nr. 22)

Unsicher ist, ob wir vom letzten Maxlrainer ein Abbild besitzen. Vermutet wird, dass ein recht qualitätvolles Brustbild eines jungen Mannes von etwa fünfundzwanzig Jahren Johann Joseph Max Veit darstellen könnte. Den Hintergrund bestimmt unter einem Rundbogen ein wolkiger Himmel, der Dargestellte trägt einen Kürassierharnisch mit goldener Verzierung und blauer Samtpolsterung, darunter ein weißes Hemd und dazu ein rotes Manteltuch. Ein kannelierter Pfeiler rechts mag wieder für Fortitudo stehen. Das wache, weiche Gesicht wird von einer mächtigen Allongeperücke umfangen. Dieses schöne Gesicht mit der großen, geraden Nase und der ausgeprägten Kinnpartie könnte das eines Maxlrainers sein. Allerdings gibt die nachahmende Inschrift auf der Doublierung Rätsel auf: „T. Stampart: Fecit ad Vivum A° 1720". Der Antwerpener Maler Frans van Stampart lebte zwar seit 1698 in Wien und war auch ein beim süddeutschen Adel begehrter Porträtist. Allerdings war Johann Joseph Max 1720 bereits dreiundvierzig Jahre alt und der Dargestellte ist deutlich jünger. Da aber schon der Vorname des Künstlers falsch kopiert ist, könnte dies auch beim Datum geschehen sein, 1702 wäre stimmig.

Unsicher ist auch, ob ein Damenporträt Johann Joseph Max' Frau Maria Regina Helena, geborene Gräfin von Muggenthal, darstellt. In das hochrechteckige Bildfeld ist ein ovaler Rahmen gemalt. Darin die Dargestellte als Brustbild ohne Hände. Maria Regina trägt ein schwarzes Seidenkleid mit dezentem Damastmuster und kurzen Ärmeln, die mit goldenen Spitzen und schwarzen Bändern verziert sind, darunter ein weißes Hemd, das auch am großen Ausschnitt sichtbar wird. Mittig sitzt hier eine vielsteinige Diamantenbrosche mit großer Perle. Um den Hals hat sie eine schwere Perlenkette. Ihr Haar ist toupiert und lange Korkenzieherlocken fallen teilweise bis auf die Schultern, eine Frisur, wie sie Kurfürstin Henriette Adelaide (1636–1676) nach Bayern eingeführt hatte.[6] Frontal blickt sie den Betrachter an, die Augen sind geschlitzt, die Nase ist gerade und der Mund voll und sinnlich.

Von gleicher Hand stammt das Porträt der schönen jungen Frau, die Beider Tochter Maria Theresia Franziska sein könnte; sie sollte einst den Besitz der Maxlrainer erben und mit ihrem Mann, dem Freiherren von Satzendorf, abwickeln müssen. (Kat. Nr. 23)

Möglicherweise hat sich von einer der Töchter von Johann Joseph Max Veit ein Porträt (**Abb. Kat. Nr. 23**) erhalten, zumindest vermutete das ein Verwalter von Schloss Maxlrain im 19. Jahrhundert. Am ehesten handelt es sich bei der schönen jungen Frau um Maria Theresia Franziska, die den Freiherren von Satzendorf geehelicht hatte. Sicher dagegen scheint, dass hier der gleiche Maler tätig war wie bei Maria Regina Helena, seiner Frau. Zu ähnlich sind die Kleidung und die Gesamtanlage des Gemäldes sowie die modische Frisur. In das hochrechteckige Bildfeld ist der gleiche braune ovale Rahmen gemalt, in dem die Dargestellte als Bruststück, leicht nach links gewandt und frontal aus dem Bilde den Betrachter anschauend, gegeben ist. Johanna Franziska trägt ein schulterfreies Kleid mit goldbesticktem Mieder und kurzen, goldbestickten und mit schwarzen Edelsteinen besetzten Ärmeln, darunter ein weißes Unterkleid mit roten Schleifchen. Zentral am Ausschnitt eine große Brosche mit schwarzen Edelsteinen. Um den Hals hat sie eine Kette aus großen Perlen, außerdem trägt sie Ohrringe aus den gleichen schwarzen Steinen, ebenso zwei Stecker im blonden Haar, das nach der Mode in Korkenzieherlocken gebracht wurde. Mit anmutigem Blick aus den blauen Augen strahlt sie Selbstbewusstsein aus, die etwas große Nase, der schmale Mund und die Kinnpartie können als Maxlrainer Erbe betrachtet werden.

---

[1] Wiedemann, S. 256–259.
[2] Wiedemann, S. 259-266.
[3] Wiedemann, S. 268.
[4] Thon, Christina: J. B. Zimmermann als Stukkator. München 1977. Zu den Räumen im Schloss: Kat. Nr. 11 und S. 42–45. Zu St. Sixtus in Schliersee: Kat. Nr. 6 u. S. 32–34. Zur Schlosskapelle: Kat. Nr. 62 u. S. 116. Zur Klosterkirche Beyharting: Kat. Nr. 46, S. 175. Zum Rittersaal, Wallenburg: Kat. Nr. 63 u. S. 117.
[5] Wiedemann S. 266–270.
[6] Siehe: Kurfürst Max Emanuel. Bayern und Europa um 1700. Ausst.-Kat. München 1976, Bd. 1, Abb. 61, 62.

Verehrte Leserin, geneigter Leser,

nach über neunhundert Jahren geht die Geschichte der Maxlrainer zu Ende. Maria Theresia Franziska von Satzenhofen erhielt nach dem Tode ihres Vaters das Lehengut Maxlrain, das sie 1742 an die Familie der Grafen von Lamberg verkaufte. Joseph Graf von Lamberg überließ es seiner Frau Josepha, einer geborenen Gräfin Rheinstein-Tattenbach. Sie erhielt 1746 von Kurfürst Max Joseph III. die Erlaubnis, braunes Bier zu brauen, wie es in der Maxlrainer Brauerei vermutlich schon hundert Jahre Brauch war. Nach ihr wurde Reichsgraf Max von Rheinstein-Tattenbach vom Freisinger Bischof Johann Theodor 1750 mit Maxlrain belehnt.[1] Nach der Familie Rheinstein-Tattenbach übernahm die Familie der Grafen Arco-Valley Maxlrain und 1856 ist das Schloss im Besitz von Gräfin Emilie zu Lodron. Die Wallenburg blieb noch bis 1760 im Besitz der Familie Satzenhofen[2], die Grafschaft Hohenwaldeck fiel gemäß dem Salzburger Vertrag von 1559 an die bayerischen Kurfürsten. Wie es danach weiterging, konnten Sie ja im ersten Kapitel dieses Buches lesen. Ich jedenfalls bin sehr froh, dass ich nach langer Irrfahrt wieder im Stammschloss Maxlrain gelandet bin, ganz nahe bei meinem Vater und den vielen Ahnen, aber auch bei den heutigen Eigentümern Prinzessin und Prinz von Lobkowicz. Mit ihnen und ihrer großen Familie bin ich heute wieder Teil von Maxlrain und Teil der dortigen lebendigen Tradition.

*Ihre Maria Susanna von Maxlrain,
Reichsfreiin von Waldeck*

---

[1] Wiedemann, S. 269–270.
[2] Thon, Christina: J. B. Zimmermann als Stukkator. München 1977, S. 117 u. Kat. Nr. 63.

Æ: SVÆ: XVI
ANNO. MDCXXI.

KATALOG

Die Katalogtexte beschränken sich großenteils auf die technischen Angaben. Ausführliche Bildbeschreibungen finden sich in den historischen Kapiteln, die unten angegeben sind. Der Zustand vieler Gemälde ist durch den Alterungsprozess als bedenklich zu bezeichnen. Andererseits werden sich die geplanten Konservierungs- und Restaurierungsmaßnahmen über Jahre hinziehen. So haben wir uns entschlossen, bei den Abbildungen im Fließtext in einigen Fällen digitale Veränderungen vorzunehmen, um störende Fehlstellen oder Beschädigungen zu beseitigen. Die Abbildungen im Katalogteil entsprechen dem Zustand der Gemälde im Herbst 2018.

Kat. Nr. 01a

Stammbaumtriptychon zur Frühzeit der Herren auf Maxlrain mit dem Gründer der Dynastie, Ritter Podalunc von Maxlrain
Bayern, wohl München, datiert in der Widmung 1621, signiert auf Mitteltafel unten, unter Knien des Protagonisten: > C.H.M.P.M.F.<

Öl auf Nadelholz
Linker Flügel mit Rahmen: H. 93 cm, B. 35,5 cm
Mitteltafel mit Rahmen: H. 92,5 cm, B. 71 cm
Rechter Flügel mit Rahmen: H. 93 cm, B. 35,5 cm

Rahmen und vier Eisenscharniere sind originaler Bestand. Die Tafeln durch Trocknung leicht geschrumpft. Malfläche weist senkrechte Schrumpfrisse auf. Guter Erhaltungszustand. Die unbearbeitete Rückseite der Mitteltafel trägt einen Klebezettel mit maschinenschriftlicher Aufschrift der 1. Hälfte des 20. Jh.s: „B. I. 88 / b 8 (8) / dreiteil. Maxlr. Stammtafel".

Tuntenhausen, Schloss Maxlrain, Treppe 1. OG

Die Außenseiten der Flügel zeigen im geschlossenen Zustand ein einfaches Ornament. Gefasst vom violetten Rahmen, stehen gelbe Rahmenstreifen vor dem neutralen violetten Hintergrund, mittig ist ein Kreis eingezogen, dem oben und unten mittig Lilien entwachsen. Acht violette Kugeln sind dem Kreise eingeschrieben.

In geöffnetem Zustand tragen die Flügel eine lange Inschrift, die den Auftraggeber Georg von Maxlrain, Reichsfreiherr von Waldeck, und das Herstellungsjahr 1621 benennen, sowie ein langes Gedicht zu den frühen Generationen der Maxlrainer Dynastie tragen.

Die hochrechteckige Mitteltafel zeigt im Vordergrund querruhend den schlafenden Podalunc in vollem, glänzendem Harnisch, das Haupt auf seinen rechten Arm gestützt, die Linke auf das rote Tuch seines Hüftrockes gelegt. Vor seiner Brust sind, jederzeit zur Investitur gerüstet, der goldverzierte Helm und die Handschuhe aufgebaut. Das karolingische Alter wird durch das eisgraue Haar und den langen Bart bezeugt. Seinem Torso entwächst, mittig das Bild durchmessend, der geästelte Stammbaum mit den sieben Wappenschilden, zwei schwarze Wellen vor weißem Grund sowie die schriftrollenartigen Namensschilder: „Bodalunck 835, Reginold, Pilgerin, Conradt 979, Conradt" und, in der geteilten Krone, „Suboth / uxor / Elsbeth von Brandberg, Heinrich / uxor / Argula von holnstain". Im linken Teil des Mittelgrundes erhebt sich in einem Wiesengrund Schloss Maxlrain, gekennzeichnet durch die vier Zwiebeltürme, im rechten Teil steht die Wallenburg bei Miesbach, erkennbar am mittleren Wehrturm, auf ihrem bewaldeten Hügel. Darüber spannt sich ein weißblauer Himmel.

Die Inschriften auf den Flügeln sind in der geläufigen Frakturschrift gehalten. Die anfängliche Widmung ist größer gehalten als das folgende Gedicht auf Podalunc und seine Nachfolger.

Inschrift der linken Tafel:

Disen Stammen der
wolgebornen herren von
Mäxlrain freyheren zu waldegg
hat zusamen bringen lassen der
wolgeborene Herr herr Georg von
Mäxlrain freyherr zu waldegg
herr auf wallenburg undertraubling, Senekhoven deuerling von
Mangolding ec und seind Dise
Titel nach gebrauch der zeit gesetzt worden Anno 1621

Herr Podalunckh ein Ritter alt
Von Mäxlrain in Dieser gstalt
Ist gewesen Dis geschlechtes anfengär
Vor achthundert Jarn noch lenger
Stifter der Capellen Mexlrain.
von Adeligen Ehrn sain

Die Bischofs haben solchs geweicht,
wie solches noch zu sehen heyt
verlies ain Sohn hies Reginoldt,
Der war auch guter Tugent hold
von dem Weiler kombt der Namb
und hielt so lang des gschlechtes stam
Eines jeden heyrat und Standt
Wie bezeuget Gmehl und pandt
Wan er gelebt und was erworben
Von Gietlern und wan er gestorben
Weiter gliekh gebe Gott dem Stamen
Zu bleiben bei den wirden und namen
Auch sich noch lenger meren Thue
Und khonftig bleib bei frid und rhue.

—

Inschrift der rechten Tafel:

Nachvolgente Geschlechter haben zu den hern
von Mexlrain freyherren auf
waldegg verheirat
und ist zu merkhen das um lenge
der Zeit nachgeschrimbe von Mexlrain
so hin und wider Bey Stifft und Klestern
gefundene heyrath und deren Ehefrauen geschlecht an jetzt nit mer alle
wisentlich.

—

Als Nemblich Podalunckh von Mexlrain Stifter Der Capeln alhie zu mexlrain welche Bischoff Hitto zu Freysing
in aigner persohn geweihet hat und
desen Sohn Reginoldt Anno 835.

Pilgerin von Mexlrain
obernant Reginoldts Sohn

Conrad von Mexlrain
Desen Sohn auch Conradt
Genant so ein ritter war
Und zwei Söhn verlies
Sigboth und Hainrich von
Mäxlrain Anno 1130
KaisserLothary zu Saxen
Haubtman wart.

Ein Rätsel bleibt das Monogramm C.H.M.P.M.F. Aus Erfahrung kann geschlossen werden, dass es sich in zwei Teile gliedern könnte, den Namen C.H.M. und Pictor Monacensis Fecit.

Siehe Kapitel: Podalunc und die Folgen

Kat. Nr. 01 B

Einteilige Stammtafel zur Frühzeit der Herren auf Maxlrain mit dem Gründer der Dynastie, Ritter Podalunc von Maxlrain
Bayern, erstes Viertel des 17. Jh.s

Öl auf oben halbrunder Nadelholztafel, zweifach waagrecht parkettiert
H. 83 cm, B. 57 cm

Gut erhaltenes Tafelgemälde, mittig einige Fraßgänge sichtbar. Rückseitig einige Wurmlöcher. Unten Klebezettel mit maschinenschriftlicher Aufschrift der 1. Hälfte des 20. Jh.s: „B. I. 98 / b. 1 (9) / einteilige Maxlr. Stammtafel".

Tuntenhausen, Schloss Maxlrain, Vorsaal 1. OG

Die Anordnung der Namen auf den Rotuli auf dem nach zwei Seiten sich verzweigenden Stammbaum ist folgende:

	uxor		uxor	
Elsbeth von prandberg	Syboth		Heinrich	Argula von holenstein
		Conrad		
Pilgeri		Conrad		Reginold
		Podalunckh		

Siehe Kapitel: Podalunc und die Folgen

Kat. Nr. 02

Die Grabplatte Wilhelms I. von Maxlrain († 1423) und seiner Ehefrauen Anna von Pocksberg († 1400) und Anna von Frauenberg zu Haag († 1423). Bayern, 1. Viertel 15. Jh.

Rötlicher Kalkstein
H. 238 cm, B. 107 cm

Beyharting, ehem. Augustinerklosterkirche St. Johannes Baptist

Die schöne Grabplatte dürfte das älteste erhaltene Artefakt der Herren zu Maxlrain sein.

Siehe Kapitel: Ein erstes Artefakt – die Grabplatte Wilhelms I. von Maxlrain und seiner beiden Ehefrauen

Kat. Nr. 03a

Bildnis Wolf von Maxlrain, Reichsfreiherr von Waldeck (1468–1561)
Bayern, wohl München, um 1520

Öl auf Papier auf Holz
H. 13,5 cm, B. 10,1 cm
Wien, Kunsthistorisches Museum

Das Brustbild zeigt Wolfgang von Maxlrain nach rechts gewandt, aus dem Bild schauend vor einer dunkelgrünen Seidenbespannung mit vegetabilem Muster. Bekleidet ist er mit einer schwarzen, mit hellem Pelz gefütterten und verbrämten Schaube, einem hellockerfarbenen Wams aus sämisch Leder und einem weißen, schwarz bestickten Hemd. Eine schwere Goldkette, die er um den Hals trägt, verschwindet in deren Schlitzung. Auf dem Haupt trägt er ein relativ breites Barett. Das Antlitz des circa Fünfzigjährigen im Viertelprofil ist mit großer Genauigkeit und mit psychologischem Einfühlvermögen gestaltet. Der dunkelblonde Bart wirkt sehr gepflegt und der gesunde dunkle Teint spricht für eine starke Konstitution. Wache helle Augen taxieren ein Gegenüber, hochgezogene Brauen und eine steile Stirnfalte vermitteln einen gesunden Skeptizismus. Ausgeprägt ist die lange, gerade Nase gezeichnet, der Mund kann sensibel genannt werden.

Eine helle, fast goldfarbene Inschrift am oberen Bildrand sichert den Dargestellten als WOLFGANG FREIH. MAXELRAIN.

Siehe Kapitel: Der Macher – Wolf von Maxlrain (1468–1561)

Kat. Nr. 03b

Bildnis Wolf von Maxlrain, Reichsfreiherr von Waldeck (1468–1561)
Bayern, wohl München, um 1520/1530

Öl auf Eichenholztafel
H. 51,5 cm, B. 39,5 cm

Das Gemälde litt unter mangelhafter Grundierung, sodass die Malfläche an vielen Stellen, jedoch besonders in der Mitte, senkrecht abgesplittert ist. Dies mag auf plötzliche Schrumpfung der Tafel, etwa durch moderne Heizung, zurückzuführen sein. Die unbehandelte Rückseite zeigt die Reparatur zweier Risse durch Klötzchenparkettierung. Klebezettel auf Bild und Rahmen des 19. Jh.s stammen von der Auktion: „40396-4".

Provenienz: Neumeister-Auktion „Malerei 16.–19. Jh.", 03.05.2016, Los 225.

Tuntenhausen, Schloss Maxlrain, Vorsaal 2. OG

Siehe Kapitel: Der Macher – Wolf von Maxlrain (1468–1561)

Kat. Nr. 03c

Bildnis Wolf von Maxlrain, Reichsfreiherr von Waldeck (1468–1561)
Bayern, wohl München, um 1547

Öl auf Leinwand, auf Holz doubliert
H. 92,5 cm, B. 76 cm

Der Zustand hat durch die Doublierung auf die heute mehrfach gerissene Nadelholztafel gelitten. Die Oberfläche ist stark verwellt, oben links ist ein Riss entstanden. Die Malfläche weist ein regelmäßiges Craquelé auf.

Auf dem Rahmen des 19. Jh.s oben: „III". Auf der Doublierungstafel: „wahrscheinlich Wolf Dietrich von Maxlrain / † 1586". Darunter mit Bleistift in Schrift des 19. Jh.s: „Wolfgang von Maxlrain / Baro von Waldeck / 1547". Klebezettel in Maschinenschrift der 1. Hälfte des 20. Jh.s unten rechts: „B. II. 34 / b. 8 (13)".

Tuntenhausen, Schloss Maxlrain, Vorsaal 2. OG

Siehe Kapitel: Der Macher – Wolf von Maxlrain (1468–1561)

Kat. Nr. 03d

Bildnis Wolf von Maxlrain, Reichsfreiherr von Waldeck (1468–1561)

Frontispiz aus: Obernberg, J. Joseph von: Denkwürdigkeiten der Burgen Miesbach und Waldenberg, so wie des alten Pfarrdorfes Pastberg im Isarkreise des Königreichs Bayern. München 1831. Gestochen von Pfarrer Rauschmair aus Feldmoching nach Kat. Nr. 03b.

Siehe Kapitel: Der Macher – Wolf von Maxlrain (1468–1561)

Kat. Nr. 04

Anna von Maxlrain, Reichsfreifrau von Waldeck,
geborene Frundsberg (1500–1554)
Bayern, wohl München, um 1547

Öl auf Leinwand auf Holz doubliert
H. 91 cm, B. 75 cm

Der Zustand des Gemäldes ist durch die gerissene Holzdoublierung bedenklich. Auf dem Rahmen des 19. Jh.s: „N° II". Auf der Doublierung in Schreibschrift des 19. Jh.s: „wahrscheinlich / Anna v. Maxlrain / geb. Frondsberg / † 1554". Auf dem Klebezettel maschinenschriftlich 1. Hälfte des 20. Jh.s: „Neubau / Nr. b 13 / Galerie".

Tuntenhausen, Schloss Maxlrain, Vorsaal 2. OG

Siehe Kapitel: Der Macher – Wolf von Maxlrain (1468–1561)

Kat. Nr. 05a

Ludwig II. von Maxlrain, Reichsfreiherr von Waldeck (1567–1608)
Bayern, München, 1604

Öl auf Leinwand
H. 98 cm, B. 76 cm

Das erst kürzlich entdeckte Gemälde wurde vorerst provisorisch konserviert und erhielt einen neuen Keilrahmen. Es befindet sich in weniger prekärem Zustand als das Gegenstück mit Ludwigs Frau Barbara Scholastica. Auf dem alten Leinwandrahmen in Schreibschrift der ersten Hälfte des 20. Jh.s: „Ludwig II. von Maxlrain 1608". Maschinenschriftlicher Klebezettel: „B.E. 24 a. / b.3 (8)".

Tuntenhausen, Schloss Maxlrain

Siehe Kapitel: Wilhelm IV. von Maxlrain, Reichsfreiherr von Waldeck († 1655) – der Letzte vom Stamme Wolf Dietrichs

Kat. Nr. 05b

Barbara Scholastica von Maxlrain, Reichsfreifrau von Waldeck, geb. Gräfin von Sandizell (* 1572)
Bayern, München, 1604

Öl auf Leinwand
H. 98 cm, B. 76 cm

Das Gemälde ist unrestauriert und in schlechtem Zustand. Auf dem Zierrahmen: „N° VII". Auf dem alten Leinwandrahmen: „Barbara Scholastica v. Maxlrain v. 1572 / geborene v. Sandizell". Maschinenschriftlicher Klebezettel: „B. F. 24 a / b. 1 (8)".

Tuntenhausen, Schloss Maxlrain, Vorsaal 2. OG

Siehe Kapitel: Wilhelm IV. von Maxlrain, Reichsfreiherr von Waldeck († 1655) – der Letzte vom Stamme Wolf Dietrichs

Kat. Nr. 06

Wilhelm IV. von Maxlrain, Reichsfreiherr von Waldeck († 1655)
Bayern, München, Hofmaler 1620

Öl auf Leinwand, doubliert
H. 214 cm, B. 118 cm

Für die Ausstellung „Wittelsbach und Bayern" 1980 restauriert und doubliert. Stabiler Zustand. Moderne Keilrahmen. Oben am Zierrahmen des 19. Jh.s: „N° XIII. Wilhelm IV. v. Maxlrain † 1655". Hasenkamp-Klebezettel: „wie bei Georg 1/3". Maschinenschriftlicher Klebezettel: „B. II. 34. / b. 3 (5)".

Tuntenhausen, Schloss Maxlrain, Vorsaal 2. OG

Siehe Kapitel: Wilhelm IV. von Maxlrain, Reichsfreiherr von Waldeck († 1655) – der Letzte vom Stamme Wolf Dietrichs

Kat. Nr. 07

Maria Susanna von Maxlrain, Reichsfreiin von Waldeck (1604–1671)
Bayern, München 1621

Öl auf Leinwand
H. 85 cm, B. 66 cm

Das Gemälde ist allseitig beschnitten und vermutlich schon im 19. Jh. mit relativ grober Leinwand doubliert worden. Stark mit Firnis versiegelt. Im Bereich des Gesichtes und der Hand Retuschen, die aber entfernt werden können.

Tuntenhausen, Schloss Maxlrain, Vorsaal 2. OG

Siehe Kapitel: Maria Susanna von Maxlrain, Reichsfreiin von Waldeck (1603/04–1671)

Kat. Nr. 08a

Georg von Maxlrain, Reichsfreiherr von Waldeck (1568–1635)
Bayern, München, 1595

Öl auf Leinwand
H. 49,5 cm, B. 37 cm

Oben wurde das Gemälde um 2,2 cm, unten um 2 cm verlängert, indem auf den alten Leinwandrahmen Holzleisten aufgesetzt wurden. Auf diese vorn Leinwand geklebt und bemalt. Dies geschah, um das Gemälde in den geschnitzten Rahmen des 18. Jh.s einzupassen. Zustand sonst stabil. Auf der oberen Ergänzungsleiste: „GEORG V MACHSLRAIN FREIHER ZV WALLDEK / AETAT:SVAE 31 1595". Maschinenschriftlicher Klebezettel: „Neubau / Nr. b 26".

Tuntenhausen, Schloss Maxlrain, Vorsaal 2. OG

Siehe Kapitel: Georg von Maxlrain, Reichsfreiherr von Waldeck (1568–1635)

Kat. Nr. 08b

Georg von Maxlrain, Reichsfreiherr Waldeck (1568–1635)
Bayern, München, 1626

Öl auf Leinwand, doubliert
H. 186 cm, B. 94,5 cm

Der Zustand des Gemäldes ist relativ gut und verweist auf die Restaurierung der 1970er-Jahre für die Ausstellung „Wittelsbach und Bayern", 1980. Mit der Doublierung erhielt das Werk einen neuen Keilrahmen. Auf dem Zierrahmen des 19. Jh.s oben: „Hasenkamp" (in Kreide). „N° VIII. Georg v. Maxlrain † 1635" (in Handschrift des frühen 20. Jh.s). Unten maschinenschriftlicher Klebezettel: „B. II. 34 / b. 5". Hasenkamp-Klebezettel, handschriftlich: „Art des Gutes: 1 Gemälde ‚Georg v. Maxlrain'. Stückzahl der ges. Sendung: 2/3 / Restaurator von: R+P Prachler, Würzburg / bestimmt für: ‚Wittelsbach + Bayern'."

Tuntenhausen, Schloss Maxlrain, Vorsaal 2. OG. Fotos: 24.05.2018

Ganzfiguriges Porträt in annähernder Lebensgröße, nach rechts gewandt, am Betrachter vorbei im Viertelprofil aus dem Bild schauend. Neutraler rötlicher Fußboden und grauer Hintergrund, rechts zurückgeschlagener grüner Seidenvorhang mit Goldfransen. Georg trägt eine auffallend aufwendige Hoftracht, wie sie unter Kurfürst Maximilian wieder möglich geworden war. Unter der geöffneten Schaube trägt er ein über und über goldbesticktes Wams, dazu knielange Pluderhosen, die in goldenen Fransen enden, schwarze Seidenstrümpfe mit goldbestickten Strumpfbändern und schwarze Schuhe mit höchst elaborierten goldbestickten Schnallen. Eine riesige, sechslagige, spitzenverbrämte Halskrause umfängt sein Haupt. Unter kurz geschnittenen, dunklen Haaren wird eine ebenmäßige Stirn frei, kluge helle graublaue Augen blicken wach. Ein spanisch geschnittener Bart mit sehr breitem Moustache verbirgt fast den Mund. In der Rechten hält er einen breitkrempigen schwarzen Hut mit umlaufendem Agraffenband in Gold und Perlen, die Linke hat er am Gefäß des Säbels, der mit einem schwarzen goldbestickten Gürtel angelegt ist. Auffällig ist der reiche Schmuck verzeichnet, so die dreifache Goldkette vor der Brust, die goldenen Armbänder an beiden Gelenken, rechts auf dem Schloss in schwarzen Edelsteinen ein M für Maxlrain, links ein rotes W für Waldeck. Am Daumen der Linken trägt er den Maxlrainer Wappenring sowie einen weiteren mit schwarzem Edelstein. Links neben Georgs Haupt prangt ein herrliches Maxlrainer Wappen mit dreifacher Helmkrone, seitlich löwen- und mittig adlergekrönt, mit dem Waldecker Adler im Herzschild. Darunter die Inschrift: GEORG V. MACHSLRAIN / FREIHER ZV WALLDEK. / 1626.

Der unbekannte Künstler, der vermutlich dem Münchener Hof nahestand, war nicht nur ein Meister der Porträtgestaltung, sondern ein wahrer Fanatiker der Materialwiedergabe. Allein die Gestaltung des Seidendamastes der Pluderhose ist ein Meisterwerk, ganz abgesehen von den Schmuckdetails.

Siehe Kapitel: Georg von Maxlrain, Reichsfreiherr von Waldeck (1568–1635)

Kat. Nr. 09

Maria von Maxlrain, Reichsfreifrau von Waldeck, geborene Freiin zu Degenberg († 1608)
Bayern, München, 1593

Öl auf Leinwand
H. 192 cm, B. 98 cm

Alter Leinwandrahmen mit undoublierter Leinwand, aus drei Teilen zusammengenäht, unten vier Klebestellen. Oberfläche teilweise poröses kleines Craquelé. Leinwand an vielen Stellen löchrig. Restaurierungsbedürftig. Unten maschinenschriftlicher Klebezettel: „B. II. 34. / b. 1. (5)".

Tuntenhausen, Schloss Maxlrain, Vorsaal 2. OG

Siehe Kapitel: Georg von Maxlrain, Reichsfreiherr von Waldeck (1568–1635)

Kat. Nr. 10

Wolf Wilhelm von Maxlrain, Reichsfreiherr von Waldeck (1529–1595)
Bayern, wohl München, 1595

Öl auf Leinwand, doubliert
H. 102,5 cm, B. 90,5 cm

Der Zustand des Gemäldes ist relativ gut und verweist auf eine Restaurierung in den 1970er-Jahren. Mit der Doublierung erhielt das Werk einen neuen Keilrahmen mit Papierumklebung. Reparaturstreifen unten rechts und unterer Rand. Der Zierrahmen entstammt dem 19. Jh. Auf der linken Leiste oben: 2. Auf der oberen Leiste: 10.

Tuntenhausen, Schloss Maxlrain, Vorsaal 2. OG

Das leicht hochrechteckige Gemälde gibt den Dargestellten als Hüftstück, nach rechts gewandt und im Viertelprofil aus dem Bild den Betrachter ansehend. Der Hintergrund ist neutral gehalten, nur links ist ein grüner Seidenvorhang mit aufwendiger goldener Saumstickerei zurückgeschlagen. Wolf Wilhelm trägt eine schwarze Schaube mit Goldlitze, darunter ein schwarzes Wams, dessen Kiel goldgesäumt und mit goldenen Knöpfen zusammengehalten ist. Sein Haupt wird von einer weißen, gerüschten, mit feinster Spitze verzierten Halskrause gerahmt. Bedeutend wird der Schmuck Wolf Wilhelms dokumentiert: So trägt er eine sechsfache Goldkette, die sich einerseits enger um den Hals schmiegt, andererseits fast bis zum Saum des Wamses fällt und aus unzähligen Gliedern zusammengesetzt ist. Wichtig ist die ovale Schaumünze mit einem nach links gewandten männlichen Profil unter einem Nimbus mit umlaufendem Schriftband, die vermutlich eine Salvator-Mundi-Medaille darstellen soll und die mit einem Scharnier am Halsteil der Kette befestigt ist. Ein interessantes Accessoire bietet noch die elegante Goldkette, die sich am unteren Rand des Wamses von einem Knopf links in doppeltem Zug zur Knopfleiste zieht. Das Antlitz Wolf Wilhelms wurde mit großer Sorgfalt gestaltet: Das ergraute, einst schwarze Haar ist kurz gehalten und links gescheitelt, der Vollbart spanisch geschnitten. Die dunklen Brauen über den klugen dunkelbraunen Augen sind hochgezogen, der sensible Mund und das starke Kinn verweisen auf einen tatkräftigen und intelligenten Charakter. Ein gesunder brauner Teint lässt auf einen regelmäßigen Aufenthalt im Freien schließen. Rechts neben dem Haupt datiert eine Inschrift „ANNO DNI. 1595". Interessant ist die Diskrepanz zwischen dem fein gestalteten Gesicht und der summarisch gegebenen rechten Hand mit der auffälligen Zusammenziehung von Mittel- und Ringfinger. Es ist durchaus möglich, dass der Maler das Gemälde bis auf den Kopf vorbereitet hatte und diesen dann gesondert ausführte.

Interessant ist ein Vergleich mit dem Porträt von Jobst Josef Graf von Thurn (Oberst im Heer von Erzherzog Ferdinand II.), Süddeutsch, 1581, Schloss Ambras (KHM, Inv. Nr. GG 8015), das in Haltung und Kleidung identisch ist. Es ist durchaus möglich, dass Wolf Wilhelm den süddeutschen Maler oder Graf Thurn auf Schloss Ambras kennengelernt haben könnte, zumal Herzog Wilhelm V., sein Landesherr, der ihn schätzte, Neffe von Erzherzog Ferdinand II. von Österreich war.

Siehe Kapitel: Wolf Wilhelm von Maxlrain, Reichsfreiherr von Waldeck (1529–1595) – der Begründer des Maxlrainer Zweiges

Kat. Nr. 11

Johanna von Maxlrain, Reichsfreifrau von Waldeck (1545–1618), geb. Perner zu Guetterrath
Bayern, wohl München, 1595

Öl auf Leinwand
H. 100,5 cm, B. 91 cm

Der Zustand des Gemäldes ist relativ gut. Die Malerei auf relativ grober Leinwand ist noch am alten Rahmen befestigt, der sich durchdrückt. Verschiedene Kratz- und Druckspuren. Stark verschmutzt. Konservierungsbedürftig. Oben am Zierrahmen 19. Jh.: „N° V". Oben am Leinwandrahmen Handschrift 19. Jh.: „wahrscheinlich / Johanna v. Maxlrain, geb. Perner / 1545–16.." Unten rechts auf der Leinwand Klebezettel, maschinenschriftlich „1. H. 20. Jh.: B. II. 34. / b1 (13)".

Tuntenhausen, Schloss Maxlrain, Vorsaal 2. OG

Siehe Kapitel: Wolf Wilhelm von Maxlrain, Reichsfreiherr von Waldeck (1529–1595) – der Begründer des Maxlrainer Zweiges

Kat. Nr. 12

Epitaph von Wolf Veit I. von Maxlrain, Reichsfreiherr von Waldeck († 1616), und seiner Frau Johanna, geborene Erbtruchsessin von Waldburg († 1641)
Bayern, nach 1641

Roter Marmor
H. 205 cm, B. 105 cm

Beyharting, ehem. Augustinerkloster St. Johannes Baptist, Vorhalle, rechte Wand

Siehe Kapitel: Das Epitaph von Wolf Veit I. von Maxlrain, Reichsfreiherr von Waldeck (+ 1616), und seiner Frau Johanna, geborene Erbtruchsessin, Freifrau von Waldburg († 1645)

Kat. Nr. 13a

Jakobaea von Closen zu Gern, geb. Maxlrain, Reichsfreiin von Waldeck (* um 1565)
Bayern, wohl Münchener Hofmaler, um 1590

Öl auf Leinwand, doubliert
H. 184,5 cm, B. 102 cm

Zustand nach Restaurierung für die Wittelsbacher-Ausstellung. Rückseitig Klebezettel, maschinenschriftlich: „B. II. 34 / b. 2 (5)".

Tuntenhausen, Schloss Maxlrain, Vorsaal 2. OG

Siehe Kapitel: Die schöne Maxlrainerin – Jakobaea von Closen zu Gern (* um 1565)

Kat. Nr. 13b

Jakobaea von Closen zu Gern, geb. von Maxlrain, Reichsfreiin von Waldeck
Bayern, München, 1595

Öl auf Leinwand, ehemals mit Papier doubliert
H. 96 cm, B. 86 cm

Der Zustand des Gemäldes ist unrestauriert, aber recht gut. Die Oberfläche der groben Leinwand ist leicht gewellt. Keilrahmen des 19. Jh.s. Rückseitig ist eine Papierdoublierung abgerissen worden. Der Rahmen des 19. Jh.s oben mittig: „N° 11", daneben: „11 5". Klebezettel maschinenschriftlich 1. Hälfte des 20. Jh.s: „B. II. 34 / b. 3 (13)".

Tuntenhausen, Schloss Maxlrain, Vorsaal 2. OG

Siehe Kapitel: Die schöne Maxlrainerin – Jakobaea von Closen zu Gern (* um 1565)

Kat. Nr. 14

Hans Jacob von Closen zu Gern (1536–1606)
Bayern, München, um 1590

Öl auf Leinwand, doubliert
H. 186 cm, B. 99 cm

Das Bildnis ist komplett restauriert, mit dunkler Leinwand doubliert und auf einen neuen Keilrahmen gespannt, weder am Rahmen des 19. Jh.s noch am Leinwandrahmen sind Beschriftungen oder Klebezettel zu finden.

Tuntenhausen, Schloss Maxlrain, Vorsaal 2. OG

Siehe Kapitel: Die schöne Maxlrainerin – Jakobaea von Closen zu Gern (* um 1565)

Kat. Nr. 15

Heinrich Georg von Maxlrain, Reichsfreiherr von Waldeck (1605–1639)
Bayern, München, 1632

Öl auf Leinwand, doubliert
H. 110,5 cm, B. 77 cm

Doubliert, neuer Keilrahmen, Papierumleimung. Malfläche stabil. Auf dem Außenrahmen des 19. Jh.s: „N° XIV Heinrich Georg v. Maxlrain 1605–1639".

Tuntenhausen, Schloss Maxlrain, Vorsaal 2. OG

Siehe Kapitel: Das schwarze Schaf – Heinrich Georg von Maxlrain, Reichsfreiherr von Waldeck (1605–1639)

Kat. Nr. 16

Wolf Veit II. von Maxlrain, Reichsgraf von Hohenwaldeck († 1659)
Bayern, München, Mitte 17. Jh.

Öl auf Leinwand, auf Holz doubliert
H. 91 cm, B. 68 cm

Durch die Doublierung in ruinösem Zustand. Rückseitig auf Zierrahmen des 19. Jh.s: „N° XV". Auf der Holzdoublierung in Handschrift des 19. Jh.s: „Wolf Veit II. v. Maxlrain". Klebezettel mit maschinenschriftlicher Aufschrift: „B. E. 24a / b. 5 (8)".

Tuntenhausen, Schloss Maxlrain, Vorsaal 2. OG

Siehe Kapitel: Wolf Veit II. von Maxlrain, Reichsgraf von Hohenwaldeck († 1659)

Kat. Nr. 17

Johanna von Maxlrain, Reichsgräfin von Hohenwaldeck († 1663)
Bayern, München, Mitte 17. Jh.

Öl auf Leinwand
H. 73,5 cm, B. 58 cm

Stabiler Zustand, altersbedingtes Craquelé. Rückseitig auf dem Zierrahmen: „N° XXVI. vielleicht Johanna von Maxlrain † 1663".

Tuntenhausen, Schloss Maxlrain, Vorsaal 2. OG

Siehe Kapitel: Wolf Veit II. von Maxlrain, Reichsgraf von Hohenwaldeck († 1659)

Kat. Nr. 18

Georg Albert von Maxlrain, Reichsgraf von Hohenwaldeck
Bayern, München, Mitte des 17. Jahrhunderts

Öl auf Leinwand auf Holz
Tafel: H. 101 cm, B. 70 cm
Leinwand: H. 85 cm, B. 68 cm

Die ovale Leinwand wurde auf die hochrechteckige Tafel geklebt und das Gemälde dort erweitert. Hierzu wurde in deren linken unteren Ecke eine Tischplatte eingefügt, auf die der Dargestellte die nachträglich gemalte rechte Hand legt. Durch die Doublierung befindet sich das Gemälde in ruinösem Zustand. Oben auf dem Zierrahmen des 19. Jh.s: „N° XIX". Auf der Tafel in Handschrift des 19. Jh.s: „wahrscheinlich Georg Albert v. Maxlrain. Mitte des 17. Jahrhunderts". Maschinenschriftlich auf Klebezettel: „B. II. 34 / b. 9 (13)".

Tuntenhausen, Schloss Maxlrain, Vorsaal 2. OG

Siehe Kapitel: Wolf Veit II. von Maxlrain, Reichsgraf von Hohenwaldeck († 1659)

Kat. Nr. 19

Johann Max Veit von Maxlrain, Reichsgraf von Hohenwaldeck
(1652–1701)
Bayern, München, um 1670

Öl auf Leinwand
H. 75 cm, B. 58,5 cm

Die undoublierte, relativ grobe Leinwand wurde in der 2. Hälfte des 20. Jh.s auf einen Keilrahmen aufgezogen und mit Papier umklebt. Die Malfläche ist stabil und weist ein altersbedingtes Craquelé auf. Auf dem Zierrahmen des 19. Jh.s: „N° XX vielleicht Johann Max von Maxlrain 1643–1701".

Tuntenhausen, Schloss Maxlrain, Vorsaal 2. OG

Siehe Kapitel: Der letzte Maxlrainer – Johann Joseph Max Veit von Maxlrain, Reichsgraf von Hohenwaldeck (1677–1734)

Kat. N. 20a

Johann Heinrich Franz Dominikus von Maxlrain, Reichsgraf von Hohenwaldeck (1653–1727)
Bayern, München, 1659

Öl auf Leinwand
H. 61 cm, B. 53 cm

Die mit relativ grober Leinwand doublierte Malfläche wurde in der 2. Hälfte des 20. Jh.s auf einen Keilrahmen aufgezogen. Die Malfläche ist stabil und weist ein altersbedingtes Craquelé auf. Oben am Zierrahmen des 19. Jh.s: „N° XXII".

Tuntenhausen, Schloss Maxlrain, Vorsaal EG

Siehe Kapitel: Johann Heinrich Franz Dominikus von Maxlrain, Reichsgraf von Hohenwaldeck (1652–1727)

Kat. Nr. 20b

Johann Heinrich Franz Dominikus von Maxlrain, Reichsgraf von Hohenwaldeck (1653–1727)
Italien, Rom, 1673

Öl auf Leinwand, doubliert
H. 74 cm, B. 55,5 cm

Das Gemälde wurde in der 2. Hälfte des 20. Jh.s auf einen Keilrahmen gespannt und mit Papier umklebt. Die Malfläche ist stabil und weist ein altersbedingtes Craquelé auf.

Tuntenhausen, Schloss Maxlrain, Vorsaal 2. OG

Siehe Kapitel: Johann Heinrich Franz Dominikus von Maxlrain, Reichsgraf von Hohenwaldeck (1652–1727)

Kat. Nr. 20c

Johann Heinrich Franz Dominikus von Maxlrain, Reichsgraf von Hohenwaldeck (1653–1727)
Bayern, München, um 1720

Öl auf Leinwand
H. 86 cm, B. 64 cm

Originaler Leinwandrahmen. Eine Klebung rechts. Malfläche links verspannt. Stabil mit altersbedingtem Craquelé. Auf dem geschnitzten Keilrahmen des 19. Jh.s: „N°XXX vielleicht Johann Josef Max Veit von Maxlrain † 1734". Maschinenschriftlicher Klebezettel: „B. II. 34 / b. 10. 13".

Tuntenhausen, Schloss Maxlrain, Bibliothek, 1. OG

Siehe Kapitel: Johann Heinrich Franz Dominikus von Maxlrain, Reichsgraf von Hohenwaldeck (1652–1727)

Kat. Nr. 21

Johann Josef Max Veit von Maxlrain, Reichsgraf von Hohenwaldeck (ca. 1677–1734)
Frans van Stampart (Antwerpen 1675 – Wien 1750), 1702

Öl auf Leinwand, doubliert
H. 88 cm, B. 74 cm

Das Gemälde wurde im 19. Jh. auf einen Keilrahmen gespannt und im 20. Jh. doubliert. Damals wurde auch die Signatur auf die Doublierung kopiert:
„T. Stampart : Fecit ad Vivum
A° 1720"

Die Oberfläche weist größere Verluste auf, ist aber stabilisiert.
Auf dem Keilrahmen: „N° XXIX vielleicht Johann Josef Max Veit v. Maxlrain † 1734". Der Zierrahmen ist möglicherweise alt.

Tuntenhausen, Schloss Maxlrain, Vorsaal 2. OG

Siehe Kapitel: Der letzte Maxlrainer – Johann Joseph Max Veit von Maxlrain, Reichsgraf von Hohenwaldeck (1677–1734)

Kat. Nr. 22

Maria Regina von Maxlrain, Reichsgräfin von Hohenwaldeck, geb. Gräfin von Muggenthal († 1741)
Bayern, München, um 1702

Öl auf Leinwand
H. 81 cm, B. 60 cm

Alter Leinwandrahmen. Schwerer Schaden am unteren Bildrand, linker Arm, rückseitig geklebt. Auf Zierrahmen des 19. Jh.s: „N° XXXI vielleicht". Auf Leinwandrahmen: „Maria v. Maxlrain / geb. v. Muggenthal 17. Jahrhundert / Ende /".

Tuntenhausen, Schloss Maxlrain, Vorsaal 2. OG

Siehe Kapitel: Der letzte Maxlrainer – Johann Joseph Max Veit von Maxlrain, Reichsgraf von Hohenwaldeck (1677–1734)

Kat. Nr. 23

Maria Theresia Franziska von Maxlrain, Reichsgräfin von Hohenwaldeck
Bayern, München, Anfang des 18. Jh.s

Öl auf Leinwand
H. 81 cm, B. 61 cm

Prekärer Zustand, aufgeworfenes Craquelé, restaurierungsbedürftig. Rückseitig am Zierrahmen: „N XVIII vielleicht: Franziska von Maxlrain Ende des 17. Jahrhunderts". Klebeetikett unleserlich.

Tuntenhausen, Schloss Maxlrain, Vorsaal 2. OG

Siehe Kapitel: Der letzte Maxlrainer – Johann Joseph Max Veit von Maxlrain, Reichsgraf von Hohenwaldeck (1677–1734)

Literaturverzeichnis

Adel in Bayern. Ritter, Grafen, Industriebarone. Ausst.-Kat. Burg Hohenaschau. Augsburg 2008.

Andrelang, Franz: Landgericht Aibling und Reichsgrafschaft Hohenwaldeck (Historischer Atlas von Bayern, Altbayern I, Heft 17 = Diss. LMU München 1966). München 1967.

Appuhn, Horst (Hrsg.): Johann Siebmachers Wappenbuch. Nürnberg 1605. Dortmund 1989.

Aretin, Karl Ottman Freiherr von: Die Politik des Kurfürsten Max Emanuel und die europäischen Mächte. In: Kurfürst Max Emanuel. Ausst.-Kat. München 1976, Bd. 1, S. 35–50.

Attwood Philip: Italian Medals. C. 1530–1600. London 2003.

Bayer, Andreas: Die Rüstung als Körperbild und Bildkörper. In: Wyss, Beat u. a. (Hrsg.): Den Körper im Blick. Grenzgänge zwischen Kunst, Kultur und Wissenschaft. München 2010, S. 51–64.

Bayern. Kunst und Kultur. Ausst.-Kat. München, Stadtmuseum, 1972.

Beck, Rainer: Mäuselmacher oder die Imagination des Bösen. München 2011.

Bott, Gerhard: Ullstein Juwelenbuch. Abendländischer Schmuck von der Antike bis zur Gegenwart. Frankfurt 1972.

Brinckmann, A. E.: Barockskulptur (Handbuch der Kunstwissenschaft). Berlin 1917.

Bulwer, John: Chirologia: or the naturall language of the hand. London 1644.

Currie, Elizabeth (Hrsg.): A Cultural History of Dress and Fashion in Renaissance. London 2017.

Demmel, Karl: Die Hofmark Maxlrain. Ihre rechtliche und wirtschaftliche Entwicklung. München 1939.

Dotterweich, Helmut: Das Haus Wittelsbach in Bayern. In: Kurfürst Clemens Augsburg. Ausst.-Kat. Brühl, Schloss Augustusburg. Köln 1961, S. 53–56.

Forbelský, Josef / Royt, Jan / Horyna, Mojmir: Das Prager Jesuskind. Aventinum, Praha 1992.

Greindl, Gabriele: Religionsauseinandersetzungen im Gebiet Waldeck. Edition der „Guetthertzigen Erinnerung" des Herzoglichen Rates Erasmus Fend 1584. In: Zeitschrift für bayerische Landesgeschichte, 59 (1966), S. 36–95.

Gumppenberg, Ludwig Albert von: Geschichte der Familie von Gumppenberg. Würzburg 1856.

Hackenbroch, Yvonne: Renaissance Jewellery. München 1979.

Hackenbroch, Yvonne: Enseignes. Renaissance Hat Jewels. Florenz 1996.

Hagen, Bernt v. u. a: Stadt Augsburg (Denkmäler in Bayern, Bd. VII, 83). München 1994.

Haubich, Georg: Die deutschen Schaumünzen des 16. Jahrhunderts. 4 Bde. Berlin 1929–1934, Bd. 4.

Heydenreuter, Reinhard: Der landesherrliche Hofrat unter Herzog und Kurfürst Maximilian I. von Bayern (1598–1651). München 1981.

Hund, Wiguleus: Bayerisch Stammenbuch. Der ander Theil: Von den Fürsten, Graven, Herren und andern alten Geschlechtern, so die Thurnier besuchen ... Ingolstadt 1586.

Keßler, Horst: Karl Haberstock. Umstrittener Kunsthändler und Mäzen. Berlin 2008.

Knedlik, Manfred: Heymair, Magdalena. In: Biographisch-Bibliographisches Kirchenlexikon, Bd. 29. Nordhausen 2008, Sp. 659–662.

Knüttel, Brigitte: Peter Candid (um 1548–1628). Gemälde – Zeichnungen – Druckgraphik. Berlin 2010.

Kratzsch, Klaus: Landkreis Miesbach (Denkmäler in Bayern, Bd. I, 15). München 1984.

Kurfürst Max Emanuel. Bayern und Europa um 1700. Ausst.-Kat. München 1976.

Lanllier, Jean: Cinq siècles de joaillierie en occident. Paris 1971.

Laun, Rainer: Studien zur Altarbaukunst in Süddeutschland 1560–1650. München 1982.

Lobkowicz, Erich Prinz von (Hrsg.): Maxlrain. Lebendige Tradition. München 2007.

Lynn, Eleri: Tudor Fashion. London u. a. 2017.

Meichelbeck, Karl: Historiae Frisingensis. Tomo primi, pars altera instrumentaria. Augsburg 1724.

Obernberg, J. Joseph von: Denkwürdigkeiten der Burgen Miesbach und Waldenberg, so wie des alten Pfarrdorfes Pastberg im Isarkreise des Königreichs Bayern. München 1831.

Obernberg, I. J. von: Geschichte der Kirchen und Ortschaften Westhofen und Schliersee. In: Oberbayerisches Archiv für vaterländische Geschichte, Bd. 2, 1840, S. 281–294, bes. S. 289.

Ost, Hans: Tizians Kasseler Kavalier. Köln 1981, S. 22.

Pirckmayer, Friedrich: Die Familie Thenn in Salzburg. In: Mitteilungen der Gesellschaft für Salzburger Landeskunde. 1883, S. 1–36.

Ramisch, Hans / Steiner, Peter: Die Münchner Frauenkirche. Restaurierung und Rückkehr ihrer Bildwerke. München 1994.

Rehm, Ulrich: Stumme Sprache der Bilder. Gestik als Mittel neuzeitlicher Bilderzählung. München 2002.

Reitzenstein, Alexander von: Bayern. Baudenkmäler (Reclams Kunstführer Deutschland, Bd. 1, Stuttgart 1956, S. 897–898.

Richtstätter SJ, Karl: Die Herz-Jesu-Verehrung des deutschen Mittelalters. Regensburg 1924.

Riel-Valder, Christine: Domkloster Freising. Haus der Bayerischen Geschichte. Elektronische Ressource: https://www.hdbg.eu/kloster/web/index.php/detail/geschichte?id=KS0106, 11.12.2018.

Schauerte, Thomas: Die Ehrenpforte für Kaiser Maximilian I. Dürer und Altdorfer im Dienst des Herrschers. Berlin 2001.

Schindler, Herbert: Bayerische Bildhauer. Manierismus, Barock, Rokoko im altbayerischen Unterland. München 1985.

Schneider, Ulrich: Fracas de guerre et peinture silencieuse. L'Europe au temps de Sébastien Stoskopff. L'Europe au temps de la guerre de Trente Ans. In: Sébastien Stoskopff. 1597–1657. Un maître de la nature morte. Ausst.-Kat. Straßburg/Aachen 1997.

Schneider, Ulrich: Die Zeit des André Charles Boulle (1642–1732): Fast ein europäisches Jahrhundert zwischen Krieg und kultureller Blüte. In: André Charles Boulle. Ein neuer Stil für Europa. Ausst.-Kat. Frankfurt, Museum für Angewandte Kunst, 2009, S. 14–18.

Schönmetzler, Klaus J.: Mangfalltal. Bad Aibling und seine Landschaft. Bad Aibling 2004.

Silver, Larry: Marketing Maximilian. The Visual Ideology of a Holy Roman Emperor. Princeton 2008.

Spangenberg, Cyriacus: Adels-Spiegel (Band 2): Was Adel mache, befördere, ziere, vermere, und erhalte … Darinnen auch am Alder … ein schöner Regentenspiegel Aller in der Obrigkeit … furgestellt wird. Schmalkalden 1594.

Thon, Christina: J. B. Zimmermann als Stukkator. München 1977.

Toderi, Giuseppe / Vannel, Fiorenza: Le medaglie italiane del XVI secolo. 3 Bde. Florenz 2000.

Wagner, Nicole: Die Kapelle der Rosenkranzbruderschaft in Tuntenhausen (Dipl.-Arbeit TU München, Studiengang Restaurierung, Kunsttechnologie, Konservierungswissenschaft). München 2009.

Walter, Tilmann: Natur, Religion und Politik. Raumerfahrungen bei dem Arzt und Orientreisenden Leonhard Rauwolf. In: Friedrich, Karin (Hrsg.): Die Erschließung des Raumes. Konstruktion, Imagination und Darstellung von Raum und Grenzen im Barockzeitalter. Wiesbaden 2004.

Wiedemann, Theodor: Die Maxlrainer. Eine historisch-genealogische Abhandlung. In: Oberbayerisches Archiv für vaterländische Geschichte, herausgegeben von dem historischen Vereine von und für Oberbayern. Bd. 16, 1856–1857, S. 1–111 u. S. 227–282.

Wittelsbach und Bayern, Bd. II, 1 u. 2. Um Glauben und Reich. Kurfürst Maximilian I. Ausst.-Kat. München, Residenz, 1980.

Abbildungsnachweis

Fotografien:

Karlheinz Jakob. Prutting
Axel Schneider - Fotografie. Frankfurt am Main
Anja Renata Walz. Grafing

Die übrigen Eigentümer von Bildrechten sind
in den Bildunterschriften genannt.

Axel Schneider: S. 8, S. 23, 26, 29, 31, 42, 43, 44, 53 o., 58 l., 59 l.o., 60, 62, 63, 64 r., 65,l. u. r.o., 84, 85, 86, 87, 89, 90, 91, 92, 93, 94, 95, 96, 97 o., 98, 99, 10, 103, 104,105, 106, 107, 108, 111, 112, 113, 114, 115 u. & 116 o., 118, 119, 120, 121, 122, 124,126, 127, 129, 130, 131, 132, 133, 134, 136, 138, 140, 141, 142, 143, 144 o., 145, 146, 147, 148, 149, 150, 152, 153, 154,155, 156, 158, 159, 160, 161, 164, 165, 167, 168, 170, 171, 172, 173, 174, 175, 176, 177, 178, 179, 180, 181, 182, 183, 184, 185, 186.

Antiquariat Steffen Völkel GmbH: Grafen Wilding von Königsbrück
Seite U3

Bayerische Staatsbibliothek, Abteilung für Handschriften
und Alte Drucke
Seite 19: Bußpsalmen des Orlando di Lasso
Seite 61: Wolf von Maxlrain
Seite 72: Theatrum europaeum

HAUS-, HOF- UND STAATSARCHIV Wien:
Seite 30: Albrecht Altdorfer

Georg-Eckert-Institut – Leibniz-Institut für internationale
Schulbuchforschung:
Seite 35: Europa am Ende des 15. Jahrhunderts

National Gallery Prague:
Seite 32 & 34: Votive Panel of Jan Očko from Vlašim

Germanisches Nationalmuseum, Nürnberg
Leihgabe Kunstsammlungen der Stadt Nürnberg:
Seite 36: Kaiser Sigismund. Albrecht Dürer
Seite 37: Kaiser Maximilian I. Albrecht Dürer
Seite 67: Martin Luther 1522. Lucas Cranach

Bayerische Staatsbibliothek München Bpk-Bildagentur:
Seite 39: Kaiser Karl V.
Seiten 46, 48: Herzog Albrecht IV. Barthel Beham
Seite 55: Herzog Wilhelm IV. von Bayern. Hans Wertinger
Seite 68: Herzog Albrecht V. von Bayern. Hans Mielich
Seite 115: Herzogin Magdalena von Bayern. Peter Candid

Bayerische Staatsgemäldesammlungen, Städel Museum/ARTOTHEK:
Seite 40/41: Johann Hus zu Konstanz. 1842
Seite 97: Herzog Maximilian I. von Bayern, Hofmaler um 1620

Bayerische Vermessungsverwaltung:
Seite 47: Michael Wening, Die Wallenburg
Seite 49: Michael Wening, Die Altenburg

Wikipedia gemeinfrei:
Seite 43; 44: Maria Jacobäa von Baden, wife of Duke Wilhelm IV
Seite 59: Albrecht Dürer – Sea Monster
Seite 65: Wappen Familie Herberstein. Appuhn, Siebmachers Wappenbuch
Seite 73: Kurfürst Maximilian I. von Bayern, Pet. Iselburg
Seite 74: Theatrvm Evropaevm, Johann Philipp Abelinus
Seite 78: Albrecht von Waldstein
Seite 82: Jacques Callot, Überfall auf einen Bauernhof,– Le pillage
Seite 82: Jacques Callot Die Schrecken des Krieges; 11. Der Galgen
Seite 88: Haec Vir, or, The Womanish Man
Seite 116: John Bulwer: John by Faithorne

Kunsthistorisches Museum Wien, KHM Museumsverband:
Seiten 52: Wolff
Seite 88: Peter Paul Rubens, Erzherzog Albrecht VII. von Österreich
Seite 123: Jobst Joseph Graf Thurn
Seite 144: Jan van den Hoecke, Kaiser Ferdinand III.

Kunstsammlungen und Museen Augsburg:
Seite 58: Georg Thenn. Jakob Seisenegger

Bayerische Verwaltung der staatlichen Schlösser, Gärten und Seen:
Seite 71: Herzog Wilhelm V. von Bayern. Hans von Aachen

The Lobkowicz Collections, Lobkowicz Palace, Prague Castle, Czech Republic:
Seite 75: Portrait of Polyxena Pernstejn

Museumslandschaft Hessen Kassel, Gemäldegalerie Alte Meister:
Seite 135: Tizian, Der Kasseler Kavalier

Bayerische Schlösserverwaltung Rainer Herrmann Maria Scherf:
Seite 151: Kurfürst Max Emanuel, Joseph Vivien, 1706

Bildarchiv Foto Marburg:
Seite 157: Doppelwappen mit Adler
Seite 157: Doppelwappen mit Adler, springendem Löwen und Wellenbändern

Anja Renata Walz:
Seite 15, 16, 20, 21, 45, 76, 162

London, National Portrait Gallery
Seite 137: Königin Elisabeth

Aus den Alben auf Schloss Maxlrain:
Seite 6, 7, 16, 17 (oben)

Karlheinz Jakob: Seite 110

Lisa Stoltz, Frankfurt: Seite 137

Marek Vogel, Fotografie: Seite 10

Stephanie Gräfin von Waldstein, München: Seite 17

DIE NACHFOLGER DER MAXLRAINER AUF SCHLOSS MAXLRAIN

Vom letzten Maxlrainer erbte seine Tochter Maria Theresia Maxlrain. Sie heiratete einen Freiherrn von Satzenhofen, behielt bis 1760 Schloss Wallenburg und verkaufte Maxlrain 1742 an Gräfin Josepha von Lamberg.

Bis 1832 ging Maxlrain dann auf dem Erbwege in den Händen großer bayerischer und Tiroler Adelsfamilien weiter: Lamberg 1742–1750, Tattenbach 1750–1822, Arco-Valley 1822–832.

Es folgten 38 Jahre des Verfalls unter bayerischen Hofbeamten, Graf von Lodron, 1832–1852, und Fürst Radoli, Graf Wilding zu Königsbrück sowie dann Graf Karl Joseph von Leyden bis 1870.

1870 erwarb, wie so viele andere bayerische Besitze, der überaus reiche Graf Maximilian von Arco-Zinneberg Maxlrain und brachte zahllose Verbesserungen an.

Sein Nachkomme verkaufte es an Graf Leo von Hohenthal und Bergen im Jahre 1936. Dessen Enkelin, Christina heiratete den Prinzen Erich von Lobkowicz und bewohnt mit sechs Kindern heute diesen historischen Ort.

Freiherr von Satzenhofen 1734–1742
(bis 1760 auf Schloss Wallenburg)

Gräfin Josepha von Lamberg
1742–1750

Die Grafen von Rheinstein und Tattenbach
1750–1822

Graf von Arco-Valley
1822–1832

1832–1870

Graf zu Lodron

Fürst Radoli

Graf von Leyden